社交网络学到的
十堂经济学课

斯坦福大学商学院教授教你日常生活背后的经济学常识

【美】保罗·欧耶尔（Paul Oyer）◎著
郭恬君◎译

Everything I Ever Needed
To Know About
Economics
I Learned From
Online Dating

中国友谊出版公司

图书在版编目（CIP）数据

社交网络学到的十堂经济学课 /（美）欧耶尔著；郭恬君译. -- 北京：中国友谊出版公司，2015.2

ISBN 978-7-5057-3468-5

Ⅰ.①社… Ⅱ.①欧… ②郭… Ⅲ.①经济学－通俗读物 Ⅳ.①F0-49

中国版本图书馆CIP数据核字（2015）第019769号

著作权合同登记号：01-2015-0442 号

Everything I Ever Needed to Know About Economics I Learned From Online Dating

书名	社交网络学到的十堂经济学课
作者	（美）保罗·欧耶尔 著　郭恬君 译
发行	中国友谊出版公司
经销	北京时代华语图书股份有限公司　010-83670231
印刷	北京建泰印刷有限公司
规格	690×980 毫米　16 开
	14.5 印张　120 千字
版次	2015 年 2 月第 1 版
印次	2015 年 2 月第 1 次印刷
书号	ISBN 978-7-5057-3468-5
定价	39.80 元
地址	北京市朝阳区西坝河南里 17-1 号楼
邮编	100028
电话	（010）64668676

前言

比黄金和股票市场更“经济学”的网络交友

那是一个秋高气爽的夜晚，我来到位于硅谷的家附近的Borrone咖啡厅，等待我二十多年来的第一个约会对象。这二十几年间发生了很多事，例如在那间咖啡厅半径四十公里内的工程师，发展出因特网，彻底改变了人类的生活；就我个人而言，我也在这期间成为一名经济学教授，投入到教学与研究工作中。

在咖啡厅等待的同时，我意识到，网络崛起便是引导我来到这个咖啡厅的原因。网络不只创造了Facebook、eBay及亚马逊网络书店，也让交友的场景改头换面。20世纪90年代就有所谓的“约会服务”，但一般人总对其嗤之以鼻，大多数的人（包括我在内）都认为只有走投无路的人，才会求助于约会服务。幸好网络出现后，让沟通变得如此容易。到了2010年，许多人转而尝试网络交友。

我也意识到，网络交友本身就充满了经济学原理——比起过去，现在我越来越能掌握这个市场的经济学原理了。过去二十年来，网络彻底改变了经济的样貌，我也几乎每日都在分析市场新局。突然之间，我闯入了几个最有趣的市场——Match.com、eHarmony及OkCupid等交友网站。

这些网站其实跟拍卖网站eBay、求职网站Monster.com没什么两样，大家造访这些网站的目的，都是为了彼此配对。当然，在eBay上拍卖二手保龄球，和申请一个Match.com的账号之间有许多不同，但基本原理仍然毫无二致。保龄球卖家得思考如何展示这颗保龄球，才能取得自己想要的回报（应该是金钱）；交友网站的使用者也一样，必须好好展现自己才能得偿所愿（大部分的人是想找到另一半，有时候也可能只想找床伴）。两者其实没有什么差异。

我花了二十年的时间学习、研究市场，也见证了市场如何发展成现代化的“信息经济”。突然之间，我发现自己被丢进极为有趣的一种市场——寻找终身伴侣的市场。我一直以来所学习研究的模型，不再只是抽象的概念或客观的数据，我也成了市场的一部分，开始思考经济学家所研究的这些想法如何驱动我自己与他人在交友网站上的行为。

从网络交友开始，学习推动世界的经济学原理

确实，网络交友市场很复杂。不同于股票或黄金市场，它的交易目标并非商品，而且在这个市场上没有完全的替代品。此外，这个市场不涉及金钱交易。我知道你在想什么——没错，在某些特别的“找伴”市场上的确有不少金钱交易，但大部分网络交友的用户都不是在进行

性交易。在这本书里，我不会触及卖淫或性交易等议题。

因为交友市场没有金钱交易，所以可能看起来不太像是个市场，但十八年的经济学训练，让我举目所及都充满了经济学，而且交友网站蕴含的经济学原理特别丰富。希望看完本书以后，你也能在今日的现代信息经济中“举目所及皆经济”。

在接下来的十堂课里，我会为想略微了解经济学的读者，解释几个重要的经济学概念，这些概念是现代经济运作的根本，也对个人生活有越来越大的影响力——搜寻、讯号、逆向选择、廉价沟通、统计性歧视、稠密市场与网络外部性。这些概念每天都在驱动网络交友用户的行为，我也会以这个特别的市场开启每一堂课的内容。

我会采用自己的经验（除了在Borrone咖啡厅的第一次约会失败以外，后续还有许多次失败经历，所以我有很多案例可以分享），也会分享自己看到及听到的其他案例。每一章也会解释该章的概念在其他市场运作的情形，例如劳动市场、eBay等在线拍卖市场，或买房交易等等——换句话说，各位将透过网络交友的角度，学习推动世界的经济学原理。

希望各位在阅读此书时，能够学习到丰富的经济学知识，了解现代世界如何运作，并能享受这个学习的历程。对于有网络交友经验的人，我也希望各位至少能获得一些有用的信息。不过我也有点难以想象，自己可以帮助到想追寻爱情的人。如果你真的在交友方面学到有用的东西，请记得邀请我参加你的婚礼，我现在几乎没什么机会去参加婚礼了，但未来的事谁知道呢？

目录
CONTENTS

前言

第一堂 搜寻理论
究竟要找到什么时候才不会再有更好的？

第二堂 廉价沟通

空口说白话是否真的可以不付任何代价？

第三堂 网络外部性

人潮多的地方会形成吸引力还是相斥力？

第四堂 讯号理论

我有多重要看你付出多少成本才知道

第五堂 统计歧视

我不是针对你，是针对和你一样的多数人

第六堂 稠密市场

要当小池塘的大鱼还是大池塘的小鱼？

第七堂 逆向选择

为什么再好的产品，却只值得劣级品的身价？

第八堂 选型交配
为何同一个办公室和小区中的人都很相似？

第九堂 技能有价
魅力会获得奖励，知识会获得报酬

第十堂 家庭谈判

煮菜、打扫、洗衣服，也要追求效用最大化

结语

PART 1

第一堂 搜寻理论

究竟要找到什么时候才不会再有更好的？

每个人都想找到 Mr./Ms. Right，但要找到什么时候才能定下来？寻找工作，该在这家公司待到退休，还是继续骑驴找马？越需要长期服用的药，越会有人寻找更便宜的来源，这一切的解答，就在于搜寻成本的高低。

许多人相信，世界上一定有个所谓的完美伴侣，或是“灵魂伴侣”。或许这是真的，但我希望我的灵魂伴侣不是住在印度的某个偏远村庄里。假设我的灵魂伴侣跟我一样，都是 20 世纪 60 年代出生，那么把我的搜寻范围限制在仍在世的女性，并假设其中一半已经死亡，那我的潜在伴侣大概还有两亿人。如果我一天与两个潜在伴侣见面，那么我大概有百分之五十的机会，可以在……二十五万年内找到灵魂伴侣。

好吧！看来与每位女性见面，直至找到灵魂伴侣为止的策略不太管用。那我还有什么其他方法呢？如果我接受自己大概不会遇见“那个人”的话，考虑我在寻找伴侣上可以付出的合理时间与心力，什么时候才能认定自己已经遇见了最佳选择呢？

先来看看我某一天的生活吧！在创作这本书的同时，我没有固定的约会对象，所以我早上起床后想完成的事包括以下几项：遇见我的下一个人生伴侣（或至少与对方牵起一点关系）、让手上的学术论文有些进展、玩一下《纽约时报》（The New York Times）的字谜游戏、看报纸或收听美国公共广播电台（NPR）了解最新新闻、享受美味的食物、运动、跟我的孩子好好相处、遛狗和练习钢琴。当然我还有其他很多想做的事，不过先从这里开始讨论就好。

在这些事项当中，我今天完成的越多，晚上准备睡觉时便会越开心。以经济学的语言来说，这些事完成得越多（如果幸运的话，还会碰上一些出乎意料的好事），我晚上准备睡觉时的“效用”（utility）便会越高。我一天会做出好几千个决定，像是待会儿要吃什么？这首曲子要不要再弹一次？要不要再来验证一下看看，还是我已经很确定这篇经济学论文完全正确？每一个决定的背后都有一股隐含的驱力，那就是什么可以让我最开心。

但我常常在做一些决策时，根本无法预测这些决定对我的效用有何影响，所以当我决定要做什么后，一天结束时的效用可能会比预期来得高或低。

现在来看看我坐在计算机前的情形吧。我浏览着交友网站 OkCupid 上不同的使用者档案，或是查看 OkCupid 寄来的交友推荐。我花了不少时间阅读这些女性的个人资料，或是接触她们、与她们保持联络。老实说，我宁愿自己没有做这些事，毕竟还有很多事情是我更想做的（或是我应该做的），大家还记得我前面列出那么一长串的待办事项列表吧！但只要我认为找到终身伴侣所带来的效用，大于用同样时间去做其他事情所能创造的效用，那我就会愿意多去浏览一个使用者档案。

预期效用的大小决定你能继续坚持多久

效用是经济学中最抽象的概念，同时也是直觉上最吸引人的概念，这基本上就是经济学家计算一个人有多快乐的方法。如果我有一段满意的长久关系，或是快乐的初次约会，能够让我开心的话，这就是增加了我的效用，所以我花时间在 OkCupid 网站上，希望能遇见一个人，在未来增加我的效用。

我们不断在做决定，将预期效用最大化。就在我们讨论这个议题的当下，你就是在做这件事。某种程度上，你正在自问：究竟继续阅读此书会让你比较快乐，还是放下这本书去做别的事比较快乐？有没有注意到，刚才我说的是将“预期效用”最大化。因为有些决策的后果你自己也不太确定，或许你日后会后悔这个决策，所以也只能尽力去猜测现在的决定会如何影响未来的效用。

人常常必须选择到底是该接受目前最好的选项，还是继续寻找。经济学里的搜寻模型，就是在分析此种抉择所涉及的取舍(trade-offs)。在网络交友的世界里，这代表我知道再看一个使用者档案会创造一个机会，而这个人可能就是我的终生挚爱，是最能让我快乐的女人。当我有这种想法时，我几乎觉得自己有责任要多看一些使用者档案，如果我在 Match.com 上点阅的下一位女性可能就是我最契合的伴侣，我现在怎么还坐在这里写这本书呢？因为我们都知道，这种逻辑行不通——我们不会不顾时间，一直寻找完美的另一半。

我们会将就着“定下来”。没错，就是这样，但你一定不想承认。你深爱自己的另一半，觉得对方就是最棒的；也或者你还在寻觅，心里企盼着能找到一个“完美”的人。但你找不到的。我不想戳破你的幻想，但你绝对没办法找到那个完美的另一半。就算那个完美的对象真的存在，你也几乎不可能找得到对方。于是，到了某个时机点，你就会跟自己说（虽然我不建议你大声说出来）：“我的另一半真的很棒，虽然如果我继续寻找，可能会找到更好的人，但是我还得谋生、准备晚餐、练习钢琴等等做一大堆事，所以我还是将就着和这个人定下来，继续过活，因为这已经比最糟的情况好很多了。”

其实在网络交友的过程中，每个阶段都会出现“停止搜寻”这个决策。首先你要面对的是，到底要不要再多看一个使用者档案；接下来，则要决定是否与对方进行第二次、第三次或后续的约会，或是再找其他对象；与某个人约会一段时间后，又得决定要不要进入稳定的关系，或许同居、或许走到结婚这个终点，或许还是要回到交友市场再试一次。

最后，如果你与现在的伴侣已经在一起很久了，你就必须不断决定：现在这段关系是否比分手寻找一个更佳的对象还要好？我当然希望你不需要在一段长久的关系里，刻意去思考这个问题，但是在冥冥之中，你仍然是在选择自己现在所拥有的，而不是可能在其他地方获得的东西。

你或许认为，只有经济学家才会用这种角度分析交友市场，一般寻找对象的人才不会这样行动。尼克·波卡登（Nick Paumgarten）曾在《纽约客》（The New Yorker）杂志发表过一篇关于网络交友的文章。在写作的研究过程中，他访谈许多交友网站使用者，发现有一群人很愿意“骑驴找马”——在更好的人出现之前，先与某个人交往。波卡登写道：“只要外面还有更好的选择，你就会无法自拔地试着去找到对方。”

《欲望城市》（Sex and the City）里的米兰达·霍布斯（Miranda Hobbes），也提供了“骑驴找马”现象的另一种说法：“我现在同居的男人，内裤上总是有擦不干净的污渍……如果你的男友已经放松到连那里都不愿意擦干净，那么两个人之间的浪漫情愫也就结束了，可以画下句点。”

搜寻成本最低的人会选择继续寻寻觅觅

到底是哪些人会将就和眼前的对象定下来，而哪些人又会持续寻觅呢？

对经济学家来说，有一种人比较不可能将就眼前的选择——也就是搜寻成本最低的那群人。在网络交友的世界中，这个概念有许多种不同的意思。首先，有些人就是喜欢（或是不太介意）寻找的过程。他们很喜欢浏览交友网站，就跟有些人喜欢看产品型录、到商店或购物中心逛街，或周末时到古董店泡一整个下午一样。这些人没有定下来的理由。对他们来说，打猎搜寻这件事的效用很高。

波卡登写道，他发现在这群人当中，至少有一部分认为“网络交友本身就很好玩，不是手段而是目的”。但我不是这种人——我不喜欢埋首在网络交友的世界里，就像我之前提到的，我希望能把时间拿来做很多其他的事。

这点跟第二种不会定下来的人有关，也就是那些除了逛交友网站以外没事可干的人。假设其他条件都一样，如果你没有嗜好、也没有什么赚钱的好方法，常常无聊地坐着发呆、度过空闲时间的话，那你就会一直寻找那个完美的伴侣。不过在这个例子里，“其他条件都一样”是很重要的要件。我刚刚所形容的这种人，可能因为没其他事好干所以变得十分挑剔，但他“没事可干”这个特质，同时也会降低他在别人眼中的吸引力。

所以，这种除了上交友网站外没事可干的人不仅会持续寻找，而且他的选择也不会太多。如此一来，让他认为自己可以找到更好的人，而不断寻找的原因（以经济学的语言来说，便是他的时间成本很低），很可能让他变得不那么吸引人，进而不得不继续寻觅。这种“逆向选择”（Adverse Selection）的概念，我们会在第七堂课详谈。

总之，没有其他事好干或是喜欢打猎寻觅，都会降低一个人定下来的意愿，因为寻觅的成本对他们来说并不高。除此之外，一个人若认为继续寻找的利益够高的话，也比较不愿意定下来。也就是说，如果一个人预期继续找真的能找到更好的伴侣，那他就不会定下来。

那么“骑驴找马”的最大受益者是谁呢？老实说，就是那些挑剔的人。如果我只是想找个伴，找个会在家里等我、能够陪伴彼此的人，那么只要这个约会对象日后没有抛弃我，我就会接受这个人，很快地和她定下来。如果大部分的潜在伴侣都还算可以的话，何必要“骑驴找马”呢？

太有耐心（太过挑剔）必须付出的搜寻成本

我不知道自己是不是比其他男人更挑剔，不过我确实有着特定的口味。举例来说，我觉得自己讲笑话时，另一半觉得好笑是很重要的。我无法只靠网站上的个人档案，或是一次约会就判断出对方会不会觉得我的笑话好笑，我必须深入认识她们之后才会知道。从与同事、朋友、前约会对象及前女友的互动经验中，我蛮清楚一般人对我的笑话会有什么反应（通常觉得不太好笑），也知道有多少人（很少）会觉得我的笑话很好笑。我知道自己大概要与许多女性见面，花上好一段时间，才可能找到真心欣赏我笑话的她；而且在与大部分的人互动过后，我还是得继续搜寻。

光是这样就已经很麻烦了，但我除了希望另一半能欣赏我的笑话之外，也希望她本身就很幽默，还要有开放的心胸，与我畅谈政治时事而不觉得无聊，喜欢的电影类型也要和我一样。当然，她也得体谅我必须花很多时间陪伴我那些青春期的孩子，还有那只不守规矩的大狗。在单身女性人口中，以上几点都能夺得高分的人比例非常低。如果我在 OkCupid 上认识一个女生，与她约会几次之后，我很可能会发现她并没有完全符合以上几个条件。

然而，事实上，还是有人比我更挑剔。有个中国的女研究生，在交友网站的个人档案上列出以下征友条件：“没有婚姻记录；硕士以上学历；武汉人、农民家庭与独子勿扰；不可抽烟、喝酒、赌博；身高一七二厘米以上；结婚前需至少交往一年；热爱运动；父母不得离异；月薪人民币一万五千元以上；年龄二十六至二十八岁；每周保证至少四晚在家吃饭；前女友数目需在两人以上、四人以下；处女座与摩羯座勿扰。”

可惜我二十八岁时没看到这个女孩的交友档案，我当时可是符合标准的人选（除了其中一条之外，稍后再揭晓这个秘密）。

如果我跟一个女人约会几次，发现我们很合得来，但她并非百分百符合我的条件，我该怎么办？比如说她喜欢的居然是恐怖片，或者那位中国女研究生认识了一个一七一厘米高或处女座的男生呢？遇上这种情形，我们该放弃重来吗？

答案当然是取决于，补足这个不符合的条件所能增加的快乐感，与重新再来所需花的时间之间的关系。耐心需要付出代价。如果我或这位中国女孩降低原本的标准，就可以很快定下来，免于承担更多搜寻成本。

这样的逻辑也可以推论出另一群比较可能继续寻找、不会跟眼前对象定下来的人——那就是耐心的人。想象一下，假设布莱恩和卡尔两个人都想找一个伴，而且两个男人的择偶条件一模一样，不过卡尔比较有耐心，常常思考未来，对自己的人生有长远规划。卡尔比较会存钱，布莱恩则比较喜欢出去玩，或把薪水全拿来买台好车。那么，卡尔这样的人在挑选伴侣时，可能会比较挑剔。

对布莱恩来说，即使停止寻找可能代表他得跟一个不那么理想的伴侣相守终生，他也会想省掉眼前的麻烦，不再费心寻找下一个人（而且寻觅时还得孤单度日）。卡尔的耐心则会让他相当挑剔，幸运的话，有一天他会找到一个更契合的女人，但现在他就得付出寂寞这个代价。

现在回到我跟那位挑剔的中国女孩身上。相较之下，我比较有诱因将就与一个没有百分之百符合标准的人定下来。我应该是比较没有耐心的那个人，因为我的年纪比较大，没有太多时间寻找下一个对象，所以在我眼里，现在比未来还要有价值。至少与那个中国女孩相比，我所拥有的未来没有她那么多。

什么时候该定下来？——“效用最大化”的时机

经济学家相信，一般来说每个人都会根据现有的信息，做出最好的决定，判断何时应该定下来。当然，有些人会犯错，太早定下来（导致日后离婚）或是太晚定下来（导致孤老余生，后悔当初没有把握与前女／男友厮守一辈子的机会），但是只要每个人都尽力地“最大化”决策当时的效用，大部分的人都会在某个时机找到好对象。

有些不以经济学理论思考的人可能会说，人类对于效用最大化，其实并不在行。意思是说，人常常不愿意在应该定下来时定下来，所以有很多单身的人都错过了生儿育女的最佳时机。这种说法常被拿来形容某一种女人，也就是那些生理时钟拉警报，但又不愿为了生孩子而大幅降低择偶标准的女性。

作家萝莉·戈利伯（Lori Gottlieb）就是“女性不知如何让个人效用最大化”阵营的拥护者（但我想她大概不会同意我的措词）。她在自己的书中写道：“我的建议是：定下来吧！这才是对的。不要担心有没有激情或浓烈的感情……根据我的观察，其实定下来才是日后让你更快乐的选择。”

她鼓励大家只在重要的特质上精挑细选——诚实、善良、大方、共同的价值观等等，不重要的条件就算了吧。作为一位单身男性，我看到这种说法会马上说：“没错！就是要这样教她们才对。”但作为一位经济学家，我认为戈利伯写的最后一句话必须修改一下：“女性低估了单身所损失的效用。如果女性与低于自己标准的男性将就着定下来，可能可以增加人生中的效用。”

戈利伯在书中举了电影《收播新闻》(Broadcast News)中珍(Jane)这个角色为例。戈利伯认为，她终有一天会后悔自己拒绝了“聪明、幽默又善良”的艾伦(Aaron)。戈利伯写道：“她深爱着艾伦，却没有感受到任何火花”，反而深切渴望着“帅气却肤浅”的汤姆(Tom)。经济学家会认为珍在整个过程中都做了理性的选择，无论她的爱情结局为何，她都有理由相信拒绝艾伦能让自己的人生更快乐。戈利伯认为，她完全想不出任何理由证明珍的决定没有错，而且至少对一般女性而言，直接跟艾伦结婚才是更好的选择。我猜戈利伯若碰到那位不与处女座交往的女孩，一定会建议她大幅删减自己的择偶条件。

许多想反驳戈利伯此种观点的人，都会采取“女性知道如何最大化自身效用”这个立场。交友网站 Plenty of Fish 的论坛里就有一位使用者说道：“我知道色拉对身体好，所以我可以强迫自己吃下去；但是我不可能跟一个失败者聊天，持续二十年都不间断。”另外一位网友则说，戈利伯应该担心自己的效用有没有最大化就好，根本不需要指导别人如何增加效用：“我实在是受够这种文章了，用一大堆东西规定女性应该如何处理私人与专业生活。这只是你个人的想法，不要把自己对安全感的那种渴求，当成福音来传播。”

我不会告诉你什么时候定下来，或是应不应该定下来——你可以自己决定，好让自己的效用最大化。戈利伯认为应该要有更多女性定下来，而这种说法是对是错无法定论，但无论人类是否过于挑剔，在我们寻找伴侣或人生各种事物的过程中，有一件事绝对没错——无论你是否完全理性，搜寻理论都认为，那些你没有把握住的机会，未来都很有可能让你感到后悔。

下一栋房子有可能才是最完美的房子

同一套逻辑也适用于买房，只是两者间有一个重要的差异。

假设我想在距离办公室八公里以内的地区，买栋景观优美、四室两卫、结构现代的房子，还希望房子的状况不要太差，因为我不太擅于修缮。于是我就开始看房，到中介网站找房子（所以我说这逻辑跟寻找另一半差不多），可能还会委托中介带我去看几个房子。

很快地我便看了好几栋房，每一栋都不错，但是没有一栋完全符合我的条件。那么我该继续找，还是将就着定下来？再看一栋房子的成本可不低，我得开车到目的地，还得放弃如果不看房可以做的其他事情，但是——下一栋房可能就是对的那一栋。

让我决定买下一栋房的原因，跟让我决定与某人厮守终生的原因是一样的。如果我喜欢看房子，周末时除了看房子也没其他事好干；

又或者我非常挑剔，也就是说，即使这房子只有瓷砖不好看，其他条件都没问题，我还是没办法快乐地入住，那我就会一直继续找，直到找到完美的房子为止。

不过我刚才也说，买房与择偶有一个很大的不同。因为房子不需要“爱我”，也就是说，这栋房子不需要同时“选择”我，只要我有足够的钱就能买下它；但我若想获得终身伴侣，对方也必须愿意与我定下来才行。这一点会大大影响我在追求过程中的许多行为与细节，比如说与看房相比，我在约会时会特别盛装打扮。

除此之外，这点对判断定下来的时机，还有个更重大的影响——选择终身伴侣时，我没办法选择所有选项中最好的一个，而是在“也选择我的人”当中，选择最好的一个。从这种观点来看，比起找房子，网络交友的搜寻过程会与找工作更为类似。

该选择骑驴找马还是失业度日？

找工作与找寻另一半之间有十分惊人的相似之处。在这两个情境中，不断搜寻的双方，都会考虑自己的所有选项。市场上的双方都发现，再继续找一个伴侣（在求职市场则是再找一个雇主或员工）要付出昂贵的代价，而且双方也都知道，如果继续找的话，可能可以找到更好的对象，所以求职者会不太愿意定下来，就跟择偶的人一样。在这两种情境中，太挑剔会遭受严重的惩罚：不愿定下来的求偶者最后只能孤单度日，不愿定下来的求职者则是继续失业。

“只要我再撑久一点，可能就会找到更好的工作”——这个关键的想法，启发了许多经济学的研究。关于此议题最多产的学者，便是戴尔·莫滕森(Dale Mortensen)与克里斯多弗·皮萨里德斯(Christopher Pisarides)。他们两人在搜寻成本与劳动市场方面的卓越研究，也获得诺贝尔奖的肯定。诺贝尔奖委员会宣布他们两人得奖时提到：“搜寻的过程耗费时间与资源，因此在市场中产生摩擦。在这种搜寻市场中，部分买家的需求无法满足，而部分卖家也无法卖出预期的数量。同时，劳动市场上会出现缺人与失业并存的情形。”

说到底，就是对于“寂寞”这股强烈的恐惧，驱使我们寻求网络交友，且最后跟一个不那么理想的人定下来——这跟失业没什么两样。搜寻摩擦降低了劳动市场中的配对速度，导致有人失业或高不成低不就。同样地，虽然很棒的另一半可能的确存在于这个世界上，但我们不知道如何找到彼此，所以搜寻摩擦致使我们孤单度日。

搜索引擎广告降低了不粘锅的挑选成本

当我们使用Google搜寻或Gmail的时候，网页上会跳出与搜寻主题或电子邮件内容相关的广告。Google靠关键词搜寻赚进大笔钞票，因为这套系统能有效把广告商与对他们产品有兴趣的人配对在一起。这整个生意都奠基在“搜寻成本”这个关键因素上——不是搜索引擎的成本，而是你搜寻某样东西的成本。

有时候我会暂停寻觅我的人生伴侣，搜寻其他普通的必需品。例如我最近想找一个新的不粘铸铁锅，成为我平庸厨艺的下一个受害者。我在Google搜寻输入“不粘铸铁锅”后，Google的搜寻算法就会提供一串网址链接。除此之外，Google在网页最上方和右侧，也都列出了几个相关广告，只要我点阅这些广告链接，该网页主就必须支付Google一笔钱。链接出现的位置依出价而定，出价最高的公司就能获得机会，抢先向我展现他们家的不粘铸铁锅。

为何有人愿意多付一点钱，好出现在网页的最上方呢？何不出价低一点，成为第二出现的链接就好？因为我跟大部分的人没有两样，会尽量减少搜寻的工夫，才不会把午餐时间都浪费在比较锅子上，所以我比较有可能去点选最上面的链接，就是这么简单。最上方的链接比较显眼可见，所以我比较可能点阅。换句话说，搜寻理论认为我（跟其他人一样）是懒惰的，于是这些相关广告的出价者愿意付钱，来利用我的懒惰心态。

虽然搜寻成本在网络上是很重要的关键，但最佳与次佳的广告链接位置，价格却通常没什么差别。网络大幅降低消费者的搜寻成本，让购物者能很快透过不同的广告链接比较商品，例如威廉姆斯—索诺玛（Williams-Sonoma）与Crate & Barrel家居网上的不粘铸铁锅有何差异；但是在实体的购物世界里，我得开车到处跑（或至少得拨电话到处询问）才能比较各种铸铁锅产品。

为什么抗生素的搜寻成本比糖尿病药物更高?

经济学家艾伦·索伦森(Alan Sorensen)以同一个地区的药房为例,解释药品市场的搜寻成本。一般人在购买必须长期服用的糖尿病药物时,其行为与购买用来控制感染且短期服用的抗生素不一样。索伦森便从这点出发进行分析。

糖尿病这种药是往后好多年都要持续服用的,所以想买这种药的人,会多花一点时间到处比较,寻找最好的价格。糖尿病药物的买家,其实就跟那位挑剔的中国女孩一样。

对药房来说,这会如何影响这两种药物的定价呢?药房主管知道糖尿病的药不能定价太高,因为这种药的消费者会到处比价;至于抗生素的定价,他可能会想:“如果我把价格定高一点,很多人还是会直接掏钱,因为他们根本不会注意到。”然而他还是不能漫天喊价,因为有的人时间特别多,不管买什么药都会到处比价——如果他的定价太高,大家就会认为这间店在大敲竹杠了。

不过整体来说,我们可以预期抗生素的毛利比糖尿病药物还高(毛利来自于消费者所付的单价,超出药房购买的单价)。我们同时可以预期,每间药房在抗生素的定价上会采用不同策略。有些药房会大胆一点抬价,有些则会考虑到那些连罕用药物也会到处比价的顾客。另一方面,糖尿病药物的价格则每家药房都差不多,因为有更多顾客在购买前会到处比价。

为了解搜寻成本的重要性,索伦森利用纽约州的一条规定来做研究。在纽约州的每间药房,必须根据规定,公布特定几种处方药的价格。他开车到纽约州北部地区的各家药房，写下店里所张贴的药价（并且忍受药房店员的怪异眼神）。

结果，他的确发现像抗生素这种购买频率较低的药物，与糖尿病药物这种购买频率较高的药相比，前者的毛利明显较高。一般药房都知道，把病患只会买一次的药物定价抬高，其实不会有人发现。索伦森也发现，顾客有较高诱因四处比价的药物，在每间药房的价格就比较相似。每间药房的糖尿病药价格都差不多，因为药剂师很清楚，如果跟市场价格相差太大，销售量就无法增加。

人越老买到的东西越划算

针对经常且会重复购买的物品，我们就有诱因四处比价。同样地，我们在人生中的不同阶段，也会有更多诱因去仔细找寻最划算的选择，例如当我们上了年纪退休之后，就会有更多时间寻找划算的选择。

随便打个比方：想象一个单亲爸爸，有两个青春期的孩子要照顾。这位爸爸隔天要教的两堂课都还没备课，还答应出版社的编辑，要赶快把书籍的最新章节交出去，但其实这一章他根本还没动笔。有一天晚上，他准备开车回家。家里的孩子还没吃饭，还在等人照顾。此时他发现车快没油了，刚好路边出现了一间加油站。他最近没有特别注意油价，但是这间加油站的油价看起来有点高，所以他想着如果再继续开几公里，或许可以在下一间加油站省下一点钱。

现在我们快转十或二十年，再看看这位单亲爸爸的处境。这时，他的孩子已经搬出去住了（希望如此），他也不再有写书截稿的压力。说不定他也已经从学校退休，或者同一门课教了很多次，已经不需要花太多时间备课了。假设此时的他经过一间加油站，也出现同样的想法："这间加油站的油价看起来有点高，如果再继续开几公里，或许可以在下一间加油站省下一点钱。"

在这两个版本的故事中，谁比较有可能真的到下一间加油站去加油呢？当然是后者这个版本比较有可能，因为年纪较大的他，时间价值比较低，而且为了省这几块钱所要放弃的东西也比较少。

马克·艾格尔（Mark Aguiar）与艾瑞克·赫斯特（Eric Hurst）仔细研究不同年龄的人在搜寻成本方面的差异，也记录了他们的购物模式有何不同。他们的研究显示，每个人直到中年期结束为止，购买一般性商品的价格都是一致的；然而中年过后，我们购物时付出的价格便会快速地大幅下跌。平均来说，一个四十多岁的人与其六十多岁的邻居相比，购买同一件商品所付出的价格，会高出 4%。

艾格尔与赫斯特指出，这些高龄人口所省下的钱，部分来自于折扣（折价券、会员卡等等），这些是找寻更划算选择的一种方式。但他们同时也发现，有些价格差异，其实来自于年老者会比年轻人花更多时间购物。

别担心，艾格尔和赫斯特并不是去跟踪一堆人，记录他们花多少时间买东西来完成这个研究。他们的数据来自《美国人时间利用方式调查》（American Time Use Survey）。这份调查搜集上千名美国人如何运用一天二十四小时的信息。艾格尔与赫斯特发现，六十五至七十五岁的人花在购物上的时间，比四十五至四十九岁的人多出约三分之一，比二十五至三十五岁的人多出一半。

当然，如果艾格尔与赫斯特重新做一次这份研究的话，或许会有不同的结论。他们这份研究采用的是20世纪90年代中期的数据，当时网络尚未大规模崛起（当时的老年人大都还没开始上网）。但若是现在，艾格尔与赫斯特应该会发现有许多银发族（特别是鳏夫与寡妇）都忙着在“老人交友网”（SeniorFriendFinder.com）上搜寻对象，根本没时间在购物时到处抢便宜。他们大概忙得无法开交，正在用其他方法让自己“效用最大化”。

以搜寻理论的角度来说，寻找另一半就像是：买房、找工作、决定去哪间加油站加油。

经济学家的重要洞见

因为搜寻的成本昂贵，即使人们心中想找的那个东西确实存在，但通常搜寻不到。因此，许多想找伴也很有吸引力的人仍然单身，许多不错的潜在员工仍然失业，许多不错的房子仍然无人入住。因此，对于顾客不常购买的商品，零售商处于较有利的位置，可以抬高零售价格；但如果你不想在罕见或特殊商品上被敲一笔，最好多多比价。

经济学家的择偶建议

寻找到了某个时机就要停下来，就像歌手史蒂芬·史提斯（Steven Stills）说的一样："要爱和你在一起的人。"

PART 2

第二堂 廉价沟通

空口说白话
是否真的可以不付任何代价?

征友男女会在网络上夸大自身的条件，度假村会为景点的降雪量灌水；说谎的行为看似不好，然而当所有人都这样做，你就不得不跟进，因为在一个夸大成性的市场，即使你说的是实话，也会被大打折扣！

“这是否是真爱？你该如何判断？不老实的人也能说出同样动听的话。你听到的每个字都没有意义……一百封的情书全是虚言。”

——《克莉斯蒂娜》（Christina）歌词，
女歌手派蒂·格里芬（Patty Griffin）演唱

“这就像写履历一样，我们试着诚实以报，但也不能太老实……”一名 OkCupid 女性使用者的个人简介这么写着。

我在设定 Match.com 的个人档案时，真的很努力想只说老实话，而且差那么一点就成功了。比如说，老实交代我有两个青春期的孩子，还有一只贴心但顽皮捣蛋的黄金猎犬。但是在“我觉得有趣的事物”字段里，我没有列出孩子转寄给我的搞笑 YouTube 影片；而且虽然我会为了要酷来上一根烟，我在网页上却勾选“从来不抽烟”。

我承认，我的确撒了谎。

有些人的交友档案完全不夸大，一切事实都和盘托出。但 Match.com 上也有些人的交友档案完全相反，我的谎话跟他们比起来可是小巫见大巫。例如，很多过重的人会说自己“爱好运动、肤色健美”，也有很多愤世嫉俗的人说自己有着积极的人生观；要是每找出一个这种人就能获得一块钱，我一定能拿到一大袋硬币。

每个人都会想要稍微夸大事实——我认识一位七十二岁已丧偶的妇女，她人非常好，但在 Match.com 的使用者档案上却注明现年六十九岁。

为什么我在网络交友档案上只有部分问题讲实话，对某些问题却不老实呢？而那些在交友网站上绝不说谎的模范生，又为何会这么做呢？博弈理论中关于“廉价沟通”的研究，就可以回答这些问题。

博弈理论如何分析“不诚实”的成本

廉价沟通架构会考虑我的偏好，并分析这与我想吸引的女性偏好之间，可能有什么冲突，引导我们思考在某个情境下，是否需要隐藏信息，甚至直接撒谎。我的真实条件，通常符合我认为想与我见面的人心中预期，所以我在填写个人档案时，可以很快地根据真实情况，完成大部分的填答。但有时我可能会认为，某个真实的答案，在我想吸引的女性眼中看来，可能不是那么好。

博弈理论认为，这一切都与“效用”有关：我诚实坦白的程度，取决于我在他人身上想寻找的东西、我认为理想对象想寻找的东西，以及说谎可能要付出的成本。

博弈理论处理的通常是一方胜利时，另一方必定落败的情境。

这时就必须运用策略了。但是在合作博弈理论（cooperative game theory）所描述的情境里，各方的利益是一致的，就像网络交友的双方都是想找寻终身伴侣一样，目的一致。若网络交友这个合作博弈要顺利运作，每个人都必须坦诚以对，巨细靡遗地揭露个人信息。这也代表我眼中最迷人的女性，也会认为我完全诚实又详尽的个人档案看起来最吸引她。

嗯，不过，虽然我们很希望有人能爱上自己真实的样貌，事情却没有这么简单。我可能和一名女性互相吸引，但她却觉得我最喜欢的网络影片一点也不好笑，或没办法接受跟一个会抽烟的男人约会。如果我在个人档案上放了我喜欢的影片链接，或承认我偶尔会抽根烟，这名女性可能连见面的机会都不给我。所以我做了一个实际的决策——跟很多人一样，决定隐瞒这些细节。

我的理智认为，就算这个女人在与我深入交往后发现这些小事情，她也会接受这些缺点只是整段关系的一部分而已。这些无伤大雅的欺瞒很合理，还帮了我们两人一个大忙。这就是合作博弈——我们双方的利益一致，而我只是搬开了一些达成目标过程中的小路障罢了。

交友网站上到处都是谎言

如上所述，我自己亲身经历，知道很多人会在网络交友档案上谎称自己的外貌姣好或态度乐观。而且根据研究，我的经验不是例外，交友网站上到处都是谎话。

杰弗里·汉考克（Jeffery Hancock）、卡塔琳娜·托马（Catalina Toma）及妮可·艾里森（Nicole Ellison）三位学者，联络了许多交友网站上的使用者，查证他们在网站上提供的信息真伪，发现大部分男性会在身高上灌水，无论男性或女性大部分都会低报体重，且大约有五分之一的人谎报年龄。但是通常大部分的人只是动些小手脚，把身高多加个两三厘米、体重减个零点五公斤、年龄下调个一两岁而已。很少有人会说出弥天大谎——这其实也不意外，毕竟太离谱的话，在第一次约会时马上就会被识破。

OkCupid 的部落格也提供更多证据，证明网络交友档案并非全为事实。部落格的统计发现，OkCupid 的男性用户平均身高比美国男性的平均还高，这实在相当可疑。而且不知为何，很多男性使用者都宣称自己刚好一百八十三厘米。这些用户的薪资数字也同样可疑——宣称年收入十万美元的人数，比合理数字高出了四倍。最后，他们也发现大家上传的照片，都比本人看起来还要吸睛。

具体来说，他们发现一件很重要的事，那就是“比较性感的照片与正常照片相比，性感照比较可能是很久以前的照片”。

越老实越劣势——撒谎吹牛反而有利

在网络上让自己看起来更年轻、更高挑，或更有吸引力的人，他们心里到底在想什么？我们举一个比较极端（且虚构）的例子来说。假设罗杰是个毫无吸引力、令人讨厌又失业的男人，想要跟一个超级名模约会，但是超级名模一定比较喜欢成功又有魅力的男性，几乎没有例外。所以，罗杰没办法在交友档案上老实填答、揭露一切，因为如此一来，他理想的约会类型根本不可能与他联络，也不会正面响应他的讯息。

所以罗杰捏造了一个故事，说自己家财万贯、是个风趣的伴侣，且上传某个男模的照片，而不用自己的照片。

但是想出这种策略的人，一定很快就会发现这样行不通。一旦罗杰真的与某位超级名模见面，对方一定会立即结束约会——有个叫作“假来电”（Fake-A-Call）的应用程序，专门帮助网络交友用户逃离这种状况。罗杰知道，捏造不实的使用者档案也没办法与超级名模约会，所以只好退而求其次，只要找到能力范围内可吸引到的最佳女性就好。

所以，现在罗杰面对的问题就有趣了：如何尽量让自己看起来非常有魅力，但是又不需要说出世纪谎言，导致女性一见面便立即逃之夭夭？这两者之间得巧妙平衡才行，很快他就会揣测出哪些谎言不会被立即拆穿，而且可以吸引到他所能找到的最佳对象，让她们不会一看到他本人就立即转身离开。

不幸的是，罗杰的谎言，以及其他类似的谎言，将对愿意说实话的人造成重大的后果。罗杰及其他人的谎言，让每个人都认为交友网站上的人都只是随便讲讲而已。比如说大家都知道在交友网站上自称“爱好运动、肤色健美”的人，其实是属于“有点丰腴”的类型。

为什么他们要撒谎？因为像罗杰这种在个人档案中灌水的人会让大家认为，既然每个人都会撒点小谎，那么勾选“有点丰腴”的人，其实就是超级大胖子。每个人都会用别人的错来合理化自己的行为：如果在所有“有点丰腴”的人当中，只有我一个人没有声称“爱好运动、肤色健美”，那潜在对象就会认为我其实是个大胖子，我就只剩下一小群愿意跟胖子约会的对象可以挑选了。

老实的人因此落入劣势，如果你坚持实话实说（而且还毫无隐瞒就更惨了），那么“档案灌水”现象，就会导致所有人假设你本人比档案中更胖、更穷又更丑。而且你在这份实在的个人档案里，还会强调自己没有灌水——“真心诚意，绝无夸大或撒谎”，这种话也会被视为空口白话。如果这种老实人可以取得什么“实话实说认证”，或是自己组成一个专属交友网站就没问题了，这可能也是摩门教与天主教徒有特殊交友网站的原因之一。不过我认为这些教派成立专属网站，比较大的原因是他们希望在自己的团体内寻找对象。

双方利益越一致揭露的信息就会越正确

但如同我在本章开头所述，我自己的网络交友档案，清楚说明了两件可能让许多人退避三舍的个人信息（青春期的孩子，还有一只友善但不太了解“个人空间”与“保持卫生”为何的大型犬）。为何我要老实交代这两件事？要回答这个问题，就得回到廉价沟通模型当中比较“正向”，也就是比较“合作”的层面了。在孩子与狗这方面，我与潜在伴侣的利益必须完全一致。没办法与我的孩子或狗自在相处的人，我是不可能与她交往的，毕竟我的孩子有一半的时间跟我在一起，狗则是二十四小时都和我在一起。

这就是廉价沟通模型的关键：信息提供者及消费者的利益越一致，信息便会越正确。撒谎这种博弈理论中不合作的层面，比较容易出现在每个人都有的基本数据中，像是喜欢的书、年薪、年龄等等。在这些基本资料上，我们都希望让自己越有魅力越好；但并不是每个人都有青春期的孩子和一个超大又毛发旺盛的跟班，这些事物是没办法妥协的。

简单来说，当双方关心的利益并非完全一致时，就能预期某些人会扭曲事实。但当大家关心的利益一致，就不太需要担心撒谎的问题。

投递履历与网络拍卖中的"吐实机制"

廉价沟通模型也能用来解释另外两个类似的情形：撰写履历与eBay广告。但这两个情境都有管控讯息真伪的方法，所以买家与卖家在这些市场上比较能顺利运作。

很少有人会在履历上满嘴谎言，但是大家也都知道，每个人的履历多少都会膨胀自己过去的功绩。最近一份研究便指出——大家一定不意外——经济学家有在履历中夸大其词的倾向。人力资源主管（以下略为"人资主管"）了解这种现象，所以不会完全相信履历上的信息。

第二，eBay上的卖家总是希望大家注意到他的商品，所以会想美化商品的状态。二手商品的质量很难在网络上查证，例如运作情形与外观完整度这种信息便是如此。

但是这两种情境与网络交友不同，它们都有内建的机制，可以控制扭曲事实的情况。例如履历上列出的联络人就能提供其他信息，足以支持（或推翻）求职者在履历上的叙述。eBay 的卖家评价机制虽然与特定商品无关，但能佐证卖家整体的信誉与诚信，如此就可解决信息不实的问题了。

当大家知道自己提供的信息，会与其他地方所搜集到的信息两相比较后，就会有更大的诱因说实话，且其他人也更可能相信他们的话。在参与者只会互动一次的市场里，会出现能让市场完全崩解的问题，而这些问题几乎都可以透过信誉及重复性解决。网络交友便是属于这种单次互动的市场。

但很遗憾，交友网站没有提供多方意见或其他意见来源。某个人过往的“消费者”——例如他的前任男女朋友、前夫或前妻，甚至是曾约会过的对象，并没有受邀贡献他们的意见，验证这个人在交友档案中所述是否为真。但我们不想利用前人意见的原因大概也很明显，不需多谈。

现在仅有少数交友网站会进行独立验证，以减少不实信息的存在。韩国有一个网站便要求使用者提供户籍本、学位证书与在职证明等数据，以验证用户的年龄、婚姻状态、父母的婚姻状态、教育程度与工作类型。另外一个大型的中文交友网站 LoveMeMarryMe.com 没有像韩国这个网站一样强制要求验证，但也接受使用者提供年龄、教育程度和年薪的相关佐证资料。这个网站也会利用 Skype 与使用者交谈，确认档案中的照片与本人一致。

中国最大的交友网站“世纪佳缘”（Jiayuan.com）会以用户主动

提供的文件验证他们的档案真伪，也组成专门小组，主动调查不实信息或可疑行为。英国的一个网站最近则开始交叉比对网站用户在 Facebook 与 LinkedIn 上登录的信息，确保网站用户的信息真实性。不过没有人能保证这些人在其他网站上没有撒谎，所以此种做法效度不高。

不让谎言影响市场的三大关键

从网络交友、找工作和 eBay 这几个例子中可以看到，若要控制说谎的情形，确保市场运作顺畅，有三个关键因素：

第一，共同的偏好可确保合作行为。以择偶与求职两个例子来说，市场里许多（最好是大部分）的参与者都知道，若要有最佳的配对结果，双方一定都要认定，对方就是最好的选择。但是以 eBay 的例子来说，买卖是一种零和局面——也就是卖家与买家的利益互相抵触，卖家希望从贩卖商品上获得越多价值越好，买家则希望价格越低越好，所以 eBay 就需要更正式的机制，以确保市场功能健全。

第二，求职者履历上的联络人，可针对求职者的条件提供不同信息，有助降低求职者撒谎或夸大其词的可能性。

第三，eBay 的评价机制，使卖家没有诱因夸大商品的质量，也避免了更恶劣的诈骗手法，即用不存在的商品骗取财物。维护个人商誉的利益可以发挥类似长期互动的效果，在双方利益不一致的情况下建立互信。

电视节目上的公然欺骗

英国游戏节目《黄金球》（Golden Balls），就是我最喜欢的“廉价沟通”例子，但这个节目中的说谎形式，与网络交友世界的形态不太一样。

当节目进行到剩下两个参赛者时，便会进入最终的关卡——“平分或偷走”（Split or Steal），参与节目的参赛者最后可能带回家的累积奖金平均是两万美元，而且最多可能超过十五万美元！

这个关卡的规则很简单，两位参赛者面前都有两颗黄金球，一颗写着“平分”，另一颗写着“偷走”。每位参赛者都必须选择其中一颗，而且只知道自己选了哪一颗，无法得知另一个人的选择。当两人的选择都揭晓之后，如果双方都选了“平分”，就可平分所有奖金；如果一人选择“平分”，另一人选择“偷走”，奖金就全归选择“偷走”之人所有，选择平分的人则是一毛钱也没有；而如果两人都选择了“偷走”，就得一起空手回家了。许多知识渊博的读者一定已经看出，这就是著名的“囚犯困境”（Prisoner's Dilemma）变体。

那么该如何抉择呢？你可以做个好人选择平分，但很可能因此空手而归。事实上，选择“偷走”才是绝对不会亏待自己的做法。假设奖金总额为二万美元，另一个人若同时选择“偷走”，两个人都同样一无所获；而在对手选择“平分”的情况下，你若选择“平分”只能得到一万美元，但若选择“偷走”，却能独得两万美元。

在博弈理论的语言里，“偷走”就是优势策略（dominant strategy）——无论对方如何行动，这都是最好的策略。技术上来说，“偷走”不算是极为有效的优势策略，因为不管对手如何选择，“偷走”顶多是跟另一个选择同样好或坏而已。如果对方选择“偷走”，不管你选择什么，结果都一样不好。

选择“平分”或“偷走”前，节目会先安排两位参赛者进行一分钟的廉价沟通，也就是讨论待会儿该怎么做。两个人当然都会跟对方保证自己会选“平分”这颗球，也会恳求对方做出同样的选择。有些人在保证和恳求时所说的话非常精彩，不过这就是“廉价沟通”最彻底的展现——一个人嘴上说他愿意平分，并不构成我们相信他的理由。

事实上，只有约半数的参赛者会选择平分，无论对方是平分或是偷走，参赛者选择平分的概率也没有差别，可见这里的“廉价沟通”真的是随口说说没错。换言之，无论对方的说法或做法为何，参赛者的行为都一样。

这个游戏有时很令人心碎，但绝对非常具有娱乐性。有些参赛者会哭出来，或互相指控对方的不是。我最喜欢的部分在于，双方都会彼此宣誓要平分，还说要是选偷走的话以后会无法自容，结果最后两个人都选了偷走，空手而回。他们通常会一笑置之，彼此互看一眼，像是在跟对方说：“嗯，不错嘛，可惜没得逞！”

我们这些经济学家很喜欢游戏节目，因为这种节目如同极为纯净的实验室环境，能让我们检验具体的概念，特别是跟博弈理论相关的概念。但是游戏节目在展现真实人生这方面仍有一大限制——它们毕竟是电视节目。《黄金球》节目里呈现的廉价沟通，在某种程度上的确不太有用。

然而，虽然“偷走”才是绝不吃亏的做法，仍有一半的人选择“平分”。这是为什么？因为有些人纯粹就是善良，连经济学家都得承认，这世界上还是有些好人；但还有另外一个选择平分的原因是，经常和这些参赛者互动的人，会在电视上看到他们。

在网络交友的世界里，就算说谎也只会被约会对象抓到，不会像在电视上一样公诸于世。所以你或许会想，一般人应该不愿意在全国性节目上公然撒谎欺骗对手，把奖金全带回家，却破坏了自己的名声。事实上，还是有半数的人选择“偷走”！经济学家的世界观，以及廉价沟通的“廉价”程度，还真是非同小可。

投资分析师越灌水公司前景越可能保住饭碗

我们会在交友档案、履历和游戏节目上撒谎或说大话，这种在填写网络交友档案时所用的思考逻辑，也是让企业及高阶主管经常夸大事实的那一套。

达特茅斯学院的两位经济学家乔那森·金曼（Jonathan Zinma）与艾瑞克·齐魏兹（Eric Zitzewitz），便在其研究中记录下企业空口白话的案例。他们在研究中也指出，广告诈欺的研究非常难得。例如热衷滑雪的人，总是想在大雪之后找到降雪最多的地方，所以他们常常会根据前一天及前一个晚上的降雪数字，选择去哪座山滑雪。这些降雪量报告在网络上都找得到。金曼与齐魏兹发现，度假村会夸大降雪量数字，在可以因此获利大增的时段（通常是周末）尤其明显。

在网络上寻找另一半时，若认为自己的谎话很可能会被揭穿，就不会太过夸大，滑雪度假村也一样，当他们认为滑雪客可能揭穿谎言时，比较有可能说真话。智能型手机普及之后，滑雪客就有办法随时质疑降雪量报告的真实性，例如2009年时，“滑雪报告网”（SkiReport.com）上就出现一篇文章写道：“杰克森洞／泰顿度假村（Jackson Hole/ Teton Village）的积雪高度绝非十五寸，根本是零才对！”这种实时回馈发挥了效用：金曼与齐魏兹记录某家滑雪度假村公布的降雪数字，发现该度假村自能收到iPhone讯号之后，降雪数字便显著下降。

另外一个企业空口白话的例子，便是主管的宣言。上市公司的高阶主管常有机会展现空口白话的实力。设想一位大企业的执行官，手上很可能掌握不少公司股票，这种投资让他有诱因在工作上好好表现，才能让公司股票继续上涨。但他同时想确保自己不会做出什么砸破饭碗的事，也希望能不断提升个人整体形象，日后才能获得别的工作、董事会席次，或竞选公职等等。执行官手中握有不少公司前途的机密信息，可以视情形决定揭露或隐瞒。

过去二十年来，以股票或股票选择权支付执行官薪资的公司，数量快速增长。这种薪酬制度之所以合理，在于企业必须确保执行官与股东的利益一致。精明的股东就像谨慎的网络交友用户，或是正在筛选履历的人资主管一样。执行官每次发布关于企业前景的消息时，股东都知道他可能只是空口白话，所以很可能将执行官说的话打折扣；

而执行官也知道市场会将他的话打折扣，所以不得不选择夸大公司前景。

哈佛经济学家杰里米·史坦（Jeremy Stein）仔细分析多位执行官的发言以及市场反应后，认为“因为经理人无法系统性地欺骗市场，所以根本不会尝试说谎”这种说法，从根本上就是个谬误。

投资银行里的股市分析师，也是金融市场里另一群要角，同样也被认定是可能会空口白话的一群人。当一家企业公开上市时（也就是在股票市场上发售股票），投资银行的分析师会评估该企业的前景，据此做出对该支股票的投资建议。

根据常规，以及美国证券交易委员会的规定，执行此类分析的人应该与银行内负责股票发行的人隔离开来。但是当分析师夸大预测价值时，能够一并提升银行其他服务的价值（特别是证券承销业务），对银行整体来说便能够获益。如果你也认为投资银行内部有某些阴谋，事实上它也不是没有根据的看法。哈里森·洪（Harrison Hong）与杰弗里·库毕克（Jeffrey Kubik）的研究显示，分析师若对自家银行承销的证券给予越多正面评价，越有可能保住饭碗。

林修葳（Hsiou-wei Lin）与莫琳·麦尼克（Maureen McNichols）也曾仔细研究投资银行分析师对于新发售股票的投资建议。他们比较了承销业务银行的分析师，以及独立银行（没有证券承销业的银行）的分析师，两者的投资建议有何异同，发现独立银行分析师对某家企业的预测评价明显较为严格，比与该企业有关系的银行内分析师还要严格。

但我们也能猜到，市场会预期到这种夸大的情形，所以与某企业有承销业务关系的银行分析师所做的投资建议，股市反应一般不会那么大；而对独立分析师的评价才有较大反应。

股市除了倚靠分析师与企业执行官提供信息以外，也常常屏息等待某个人物发布声明——那就是美联储的主席。大家还记得吗？格林斯潘（Alan Greenspan）当年几乎挑个眉就能影响市场；金融危机袭卷美国时，伯南克（Ben Bernanke）所说的每个字都被拿来放大检视。

美联储主席的谈话，也有可能只是说说而已。他可以在口头上美化事实真相，或宣称要调整利率，其实只是要安抚市场动荡而已。但美联储通常不会清楚表露真正的想法，针对特定的金融目标只会提供一个范围，而不会设定具体数字。

杰里米·史坦（Jeremy Stein）分析美联储在揭露信息方面的诱因（他后来也成为美联储成员），发现当美联储发布具体目标时，例如通膨目标为2%，其实真正的目标有可能是4%，但市场会无法达到美联储真正的目标，并低估最终的目标。

当美联储公布1%到3%这种范围时，比较没有操纵的空间，所以比起举出具体的数字，范围值可以让夸口的白话听起来更可信。所以，或许我该更新自己的交友档案了，我应该把年龄设定为四十五至五十五岁，身高设为一七八至一八八厘米之间。

让政客不太敢乱开支票的情境

我大概不需花费什么力气，各位就能了解空口白话也是政治造势中的重要概念。造势活动演讲体现了空口白话最核心的意义——候选人想说什么就说什么。但就跟网络交友一样，用户不会完全相信交友档案上的话，也不会跟太过夸大的人再度见面，所以选民同样会对造势活动中的承诺半信半疑，也会在第二任选举时，以选票惩罚跳票的候选人。

我说过网络交友的世界充满经济学原理，同样地，经济学近年来也渗透到政治科学的世界里。突然之间，许多学术论文开始应用经济学的博弈理论分析政治学议题，包括在造势活动当中的空口白话。

乔瑟夫·哈灵顿（Joseph Harrington）便是一例，他研究候选人竞逐职位的权力大小，如何影响他在竞选活动中承诺的空虚程度。哈灵顿的结论认为，如果候选人所竞逐的职位，让他在推动选举支票时相对不会遭遇强烈反对，那么这个候选人的竞选承诺就相对不可信。这也就代表，市长候选人与总统候选人相比，市长的竞选承诺相对没那么老实，因为总统要推动政策时得经过国会审查。同理可证，总统在对外政策上握有的权力较国内政策要大，因为国外政策方面相对不会受到国会牵制，所以我们可以预期总统候选人在内政方面的承诺相对真心。

这份研究结果表明，一般来说，总统候选人在内政方面的谈话比对外政策方面还要可信。当然还是有例外，就像小布什正式成为共和党总统候选人时，于演讲中说出“仔细读我的唇：绝不加税”，这个跳票的承诺可以说是政治界里最出名的空口白话案例。

最后值得注意的一点是，当选民有高度共识时，候选人的说法就相对值得相信，例如在一个居民几乎都是基本教义派基督徒的保守选区，政治人物无论立场为何，都会宣誓自己反堕胎。从这种角度来思考政治上的承诺，就能了解罗姆尼（Mitt Romney）或克林顿（Bill Clinton）这类政治人物，在政治生涯中的谈话为何转变。他们两人在竞选州长时所发表的谈话，充满极端的政治色彩；但在日后要赢得全美民众的选票竞选总统时，政治立场便不再如此极端了。

希望到了这里，我已经说服各位相信本章中最重要的三个论点：第一，各位亲爱的读者，我念兹在兹就是希望各位可以学到许多经济学的真理，我写这本书的用意，绝对不是想获得任何金钱或名声。第二，我真的有一八三厘米高，身材健美又多金。最后，如果我们有机会一起玩场“黄金球”游戏，我保证一定会选择“平分”！你一定要相信我！

以廉价沟通的角度来说，寻找另一半就像是：在拍卖网站卖东西、撰写履历，以及一个从名称根本看不出端倪的英国游戏节目《黄金球》。

经济学家的重要洞见

在某些情况下，你不得不撒谎或夸大自己的信息，因为其他人都在撒谎与夸大其词，所以大家会将你说的话打折扣。例如平均来说，滑雪度假村会将前一夜的降雪量数字灌水；但是当滑雪客越来越容易查证降雪信息的真伪后，灌水的行为就好多了。

经济学家的择偶建议

因为每个人都会夸大其词，所以稍微夸大一点也没关系，但也别做得太过火，以免马上惨遭抛弃。

PART 3

第三堂 网络外部性

人潮多的地方
会形成吸引力还是相斥力？

注册会员越多的交友网站，会让更多使用者趋之若鹜；驾驶人越多的高速公路，却会让更多人根本不想上路！加征碳税或是国道收费，虽然会让很多人叫苦连天，却也是解决问题的好方法。

我刚接触网络交友时，马上就坠入了 Match.com 的世界，原因并不在于该网站的接口特别吸引人，也不是因为它提供特殊的男女配对方法，价格也没有特别优惠，而是因为我听过这个网站的名号，而且这是最大（或几乎是最大）的网络交友市场。

这听起来好像没什么道理，例如丰田 Camry 是全美最热卖的车种，但我不会因此选择开丰田 Camry 上路；沃尔玛是全美最大的超市，但我也不会因此就到沃尔玛采购；中国是全世界人口最多的国家，但我并没有因此打算移民中国。

那我为什么会选择 Match.com 呢？其他比较酷、比较独特的网站可能更符合我这种会开速霸陆车款的生活风格（没错，我就是这么狂野），我为何不选择这些网站呢？

对消费者来说，交友网站最重要的价值在于能在上面找到多少可能的约会对象，这也是我选择 Match.com 的原因：女孩们在哪儿，我就要去哪儿。我希望自己选择的交友网站有很多使用者，大部分的使用者也有一样的想法，所以新兴的交友网站很难起步。在交友网站这种市场中，对某项产品的需求会创造更多的需求，经济学家将这种市场称为有“网络外部性”的市场。

SocialNet.com 于 1997 年上线时，具备了成功交友网站的所有条件，最后却以十分残酷的方式了解到网络外部性的重要。该网站当时获得知名创投公司的三笔资金挹注，总共募得一千九百万元的投资基金。网站由顶尖管理团队经营，还以六百万元的预算委托知名广告公司负责营销。网站执行官丽兹·卡娄纳（Liz Kalodner）在网站上注册，并公开自己的用户档案，许多媒体也争相报道这则新闻。SocialNet.com 的创办人之一，后来也成为 LinkedIn 的创始者，可见这个网站确实有了解如何经营社群网站的人才，看起来前景一片大好。

然而，在 2001 年初，MatchNet 以超低价收购了 SocialNet.com。SocialNet.com 其实就是因为像我这种弃小站于不顾，只用大型网站的使用者而深受其害，虽然 SocialNet.com 吸引到不少使用者，却赶不上其他网站的增长速度，Match.com 渐渐成为网络交友用户的不二选择，2000 年上线的 eHarmony 也非常成功，竞争越来越激烈，使得 SocialNet.com 这样的网站压力越来越大。

因为那里没人所以那里就不会有人

因为没有人在用 SocialNet.com，所以就更没有人要去 SocialNet.com 注册了。这听起来好像是要模仿传奇棒球明星尤吉·贝拉（Yogi Berra）最爱讲的绕口令名言，但其实这是一种精简传达网络外部性精髓的方法——在这个市场里，需求会创造出需求。

需求是经济学中一个很重要的概念，其基本概念很单纯，当大家认为某样产品功能较多、质量较佳或是比较酷炫，所以比较好，此时对这个产品的需求就会上升。当某样产品价格较低时，需求通常也会上升——当其他条件都一样时，网络交友用户会偏好免费注册的网站，而比较不会选择收费的交友网站。这两种因素——价格与产品功能，就是驱动大部分商品需求的关键。

但是具有网络外部性的产品，还得考虑第三个因素：其他人的行为。如果产品每增加一名用户，同时就会提升该产品对其他用户的价值，那这就是一项具有网络外部性的产品。交友网站显然就是这种情形，因为没有人想要成为网站中的唯一一位使用者。若是我们停下来仔细想想，就会发现交友网站居然能够成立实在是很神奇，最早的使用者是谁呢？谁会愿意加入一个使用者不到二十位的交友网站？只有一个人或根本没有人的网站，那就更不用说了。

基本上，在线交友网站要成功，不能只靠推出大家想要的功能，光是很高超的配对算法、创新又直觉式的操作界面，以及潜在约会对象的有趣信息列表还是不够，一定要有很多可供选择的人，否则上述功能根本没意义。

如果想判断一个产品有无网络外部性，最简单的方式大概就是想想自己在选择这种产品时会考虑什么。我上回买车时，考虑的是理想的功能及预算，根本没有去考虑到底有多少人买了丰田 Camry。如果我有考虑到路上有很多 Camry 车主这一点，或许还会让我更不想买这款车。

但是在挑选交友网站时，我只会考虑究竟哪里才是最有可能找到理想伴侣的地方，这里的决策关键是产品的其他用户，而不是产品本身。产品本身不会创造需求，而是需求创造需求。

用需求创造需求的 Facebook 效应

从许多层面来说，网络崛起突显出网络外部性的现象及重要性。网络外部性并不是什么新玩意，但网络平台在不同领域中纷纷兴起，却让“需求创造需求”的观念越来越鲜明。Facebook 大概就是最好的例子。

说到底，大家会上 Facebook 的原因，其实就是因为其他人也在上 Facebook。每个开设 Facebook 账号的人，都替其他人提升了 Facebook 的价值。Facebook 成功的秘密就只有这一项——拥有许多使用者。听起来好像是个很简单的商业模式，但其中最困难的便是如何取得足够的人，好让事业起步。初接触网络交友的人，会因为大型网站的高人气而主动成为这些网站的新用户，但这些成功的网站又是如何达到今日的规模与地位的呢？从 Match.com 的例子可以看到，成功背后其实综合了许多因素。

该网站于 1993 年成型，刚好在网络开始展现霸主气势时上线，且不收任何费用。因为它很早成立，网站设计得也很不错（以当时的标准来说），所以吸引到一些使用者，接下来 Match.com 便可以轻轻松松倚靠先驱优势，带动增长，因为就算网站只吸引到一百个使用者，但其他网站的使用者人数还是零，所以新使用者很容易就决定到 Match.com 来寻找未来的伴侣。

在某些情况下不要当第一

在许多情境或产业里，先驱优势都是很重要的观念，不过网络外部性应该最能鞭策企业取得先驱优势。在20世纪90年代晚期，网络刚刚崛起，许多非交友类型的网站也希望抢得先机，争取先驱优势。但若其他人可以从先驱者犯下的错误中学习，那拔得头筹的价值往往不值一提——甚至成为扣分因素。

Webvan和Pets.com就是这种情形的两个经典案例。Webvan是一个日常用品购物网站，Pets.com则是贩卖宠物用品的网络卖场，这两个网站都希望能成为该产品类别中第一个网络零售龙头，于是投资了大笔资金来打造自己的品牌——他们买下美国超级杯转播的广告时段，也在大联盟的棒球场张贴广告，Pets.com还推出经典版的小狗玩偶。但，这两家公司在2000年底却都陆续倒闭。

让客户在家购买宠物用品、日常用品并送货到家，这种商业模式完全没有问题，亚马逊也在这两类产品上有不错的营收，但是成为这两个市场的先驱龙头实在没什么好处，因为网络外部性实在很有限。我根本不在乎我的朋友或邻居是不是在Webvan上购物，所以需求不会创造需求。

Facebook效应则正好相反，Facebook这个网站还不错，用户接口和选项都不差，但说到底，Facebook的使用者数目如此惊人的最主要原因，还是因为有很多人都在使用Facebook。对于选择社群网站的人而言，决定他真正需求的因素与选择一般产品时不同，并非价格或网站功能，而是完全取决于朋友都在使用哪个社群网站。

最近几年，Google 也不断尝试要创造足以与 Facebook 匹敌的社群网站，Google+ 就是 Google 的最新成果。大家都说 Google+ 的功能比 Facebook 好，也吸引了不少使用者，但是 Facebook 的霸主地位仍然丝毫没有动摇。除非大部分的朋友都从 Facebook 移到 Google+ 去，否则没有人有动力从 Facebook 换到 Google+ 去，不过整个群体或一群朋友集体转换社群网站平台这种情况，看来似乎不太可能发生。因为网络外部性，Facebook 可以让我们乖乖待在他们想要的地方，而且大概不会让我们跑掉。

Facebook 是如何主宰这个市场的呢？它用了什么方法，让 MySpace 及其他社群网站的使用者转移阵地呢？关键就在 Facebook 萌芽茁壮时，是将重点放在首次加入社群网站的新鲜人。Facebook 最早的使用者不是从其他网站转移过来的人，只需要让一群人同意 Facebook 就是他们的社群基地，之后他们的朋友就会想要加入同一个网站，接着又会带来更多的朋友，如此不断链接下去。

QWERTY 键盘与蓝光 DVD 的胜利

Facebook 和 Match.com 看起来是新颖又创新的概念，但是一个产品的需求可以从需求开发出来的这种概念由来已久，而且不限于网络世界，我们对 Facebook 的需求其实与对电话的需求一模一样。为什么你要买电话？因为每个人都有电话。一开始要让大家开始使用电话是有点困难，但每多一个有电话的人，大家对电话的需求就会再高一点，因为电话这个产品对其他人的价值又提高了一些。传真机也是同样的逻辑。

在网络时代以前，网络外部性的另一个重要特色，就是标准的型塑。各位是否停下来思考过键盘的设计原理？为什么第一排是 Q、W、E、R、T、Y 这几个英文字母呢？最好的答案当然是：有人发现把这几个字母放在一起最好，可以让打字效率最大化、打字速度最快。

真相当然不是如此。QWERTY 键盘是由美国密尔瓦基市（Milwaukee）的两位报社编辑发明，这种键盘形式售予雷明顿家族公司（E. Remington & Sons Company）后又经过几次调整，才透过该公司贩卖的打字机逐渐普及。雷明顿版的键盘特点在于，经常接连出现的字母（例如 T 及 H）绝对不会比邻出现，打字时才不会因为连续敲打相邻的按键而使键臂卡住。此外，每一排按键不会完全对齐，而是与上一排些微错开，因为必须让每个按键的键臂延伸到纸张的位置，且不会互相干扰。

这些设计特点在现代早已不适用，但大家都还是在用 QWERTY 键盘，当这种键盘成为一种标准之后，大家就会因为其他人都采用这种标准，而去使用同款键盘。QWERTY 键盘的故事一定让 Facebook 主管们开心得不得了。

另外还有很多例子都能让我们看到，只要一个标准成为主流，持续一段时间后，对这个标准的需求就会创造更多需求，这些都是跟 QWERTY 键盘一样的网络外部性案例。

举例来说，家用录像机从 20 世纪 70 年代开始热卖，一开始的主流规格是索尼的 Betamax 格式，但是 JVC 推出 VHS 格式后，及时在索尼的格式累积到足够能量前占领市场，让索尼无法享受网络外部性发酵后的成果。

2006 至 2008 年时上演的 DVD 规格大战也是类似的例子，高画质与蓝光两派阵营都希望成为主流规格，最后蓝光胜出，市场对东芝的高画质 DVD 格式需求量，无力持续创造更多需求，东芝只好在 2008 年时结束高画质 DVD 的相关事业。

用户彼此越陌生越有价值

我们现在回到网络世界，多看一些网络外部性在网络世界运作的案例。Facebook 成功背后的原则，有许多都可直接应用在交友网站上，但仍有几点重要的差异：

一般人会因为朋友都在 Facebook 上而选择 Facebook，但不会因为朋友都在 OkCupid 或 Match.com 上而选择这些交友网站，事实上我根本不希望任何认识的人在 Match.com 上看到我的交友档案。在这两个案例中，大家确实都是因为其他人加入某个网站而跟着加入，但是 Facebook 的使用者是因为“认识的人”在使用才加入，而 Match.com 的使用者则是因为“不认识的人”都在用才加入。

这也说明了为什么新的社交网站比新的社群网站还要容易吸引新人，主要原因有二：首先，想结交网友的人，只需要找到一个使用者众多的网站即可，不是在寻找特定的一群人，所以他们常常不只在一个网站上注册，例如我就同时使用了三个不同网站。当然在每个网站注册数据会耗费一些成本，但成本并不高，也让我接触到更多的潜在伴侣。我也绝对不是唯一一个想两边通吃的人，因为我常在好几个网站上看到重复的女性使用者。但是我加入的社交网站只有 Facebook 这一个，因为这才是我每个朋友都在用的网站。

第二，如果我想试试新的交友网站，不需要等待朋友从其他网站移转过来，只要新的交友网站推出更好的产品，我就会愿意试试看。所以即使 Match.com 已经如此成功，不断利用需求创造需求，eHarmony 和 OkCupid 这些网站还是能够顺利进入市场，打下一片天。eHarmony 运用独特的配对方式媒合网站上的使用者，宣称这套系统更有助于用户寻得终身伴侣，并成功吸引到足够的使用者，赶上 Match.com 的脚步，接着就靠网络外部性持续茁壮。

OkCupid 在 2004 年上线时也一样，提供两种 Match.com 没有的服务：不但让人免费注册，还设计许多特殊的问题，让使用者的个人档案增添有趣的信息。这两种功能正对许多人的胃口（别忘了，网络外部性代表需求会创造需求，但仍然有其他因素可能会推动需求），特别是那些第一次尝试网络交友的年轻人，更是趋之若鹜。以此基础出发，OkCupid 累积了足够的实力，让网络外部性发挥了神奇的效果。

如果使用者一定得等到朋友们都加入 OkCupid 或 eHarmony 后，才有去注册的价值的话（就像 Google+ 需要一群人或一群朋友同时从 Facebook 移转过去），我猜这两个交友网站根本不可能有出头的机会。

同类越少越好异类越多越好的市场

Facebook 与 Match.com 的网络外部性还有一点重大差异。但在我公布答案前，请稍微思考一下，网络外部性是如何在拍卖网站 eBay 和人力银行 Monster.com 上运作的呢?

这些网站因为网络外部性受惠良多，但其实这些网站的需求，都是来自于该网站某一半的使用者。eBay 的买家是因为 eBay 上的卖家而使用 eBay，而 eBay 的卖家也是因为网站上的买家才上去卖东西；因为缺人的企业都在 Monster 网站上，所以求职者才会去 Monster 上找工作，而企业也是因为求职者都聚集在 Monster 网站上，才会到这里来征人。

所以，在 Monster 网站上，每个上传新履历的使用者都会为网站上的企业创造正面的网络外部性，但却会成为网站上其他求职者的竞争对手，而对求职者这半边使用者群体，形成负面的网络外部性。

对 eBay 的卖家来说，最理想的情况就是 eBay 上所有的卖家都跑到其他网站去，但所有的买家还是留在 eBay 上购物；Monster 网站上的求职者也一样，都希望企业不要更换找员工的管道，但是其他所有的求职者都停止使用 Monster 网站。当然这两种情况都不可能发生，一旦 eBay 的卖家开始转移阵地，买家也会跟着迁移；Monster 网站上的求职者若越来越少，企业也会转向其他管道刊登征人启事。

然而 Facebook 的运作却不太一样，Facebook 上几乎没有负面网络效应，你在所有人身上获得的都是好处，没有任何竞争。Facebook 就像一场派对一样，每个人都可以尽情地放松享乐。

对异性恋者而言，Match.com 和其他交友网站的运作原理其实和 Facebook 不太一样，而与 eBay 较为相似。如果 Match.com 上有一半的使用者（我指的是男性）都马上退出这个网站，我一定会很开心，不过事实上如果真的发生这种事，那女性使用者也一定会马上消失。

eBay 和 Match.com 在网络上创造的网络外部性，就跟实体世界里的单身酒吧和购物中心一样，因为女人都在单身酒吧里，所以即使男人们到了酒吧得彼此竞争，他们还是会去。想买东西的人会到购物中心去，是因为店都开在那里，而这些店家也正是因为买东西的人都会前来，而选择在那里做生意。在这些例子里，网络外部性推动市场的发展与茁壮，但也同时在市场的两端创造竞争。

同志的交友网站乍看之下或许比较像 Facebook——因为很多男同志都在用某个交友网站，所以就有更多男同志会加入这个网站。同样的模式确实存在着，但是同志交友网站还是跟 Facebook 不同，因为每个网站上的男同志一方面可能成为你的未来伴侣，但也可能是你的竞争者。

以这个角度来说，同志的交友网站是个很独特的市场。网络外部性真的很关键——如果一个同志交友网站上根本没有其他男同志的存在，即使这代表这网站上不会有人跟你竞争，但也就是说不会有新的男同志愿意加入这个网站。但是男同志与女同志所处的情形十分独特，也很有趣，那就是永远没办法分辨出哪些是可能成为终身伴侣的人，哪些又是未来的竞争对手。

需求破坏需求的交通阻塞与演唱会效应

网络外部性发挥效用时很不错，但这种效用其实是例外，因为我们通常希望其他人想要的东西与我们不同。Match.com 是需求创造需求的例子，Facebook 更是如此，但我们也能找出很多需求破坏需求的案例，高速公路大概就是这种比较传统的市场形态最好的例子：如果高速公路上都没车，我大概会常常利用高速公路，因为我真的很讨厌塞在路上，所以高速公路的用路人越多，我就越不会开上高速公路。Facebook 是越多人加入越好，高速公路则是越多人越糟。

交通流量所导致的"需求降低需求"效应，经济学家称为拥挤外部性（congestion externality）。遗憾的是，拥挤外部性四处可见：一家要等很久才能入座的餐厅，需求一定会下降；有些运动赛事非常热门，可以预期场馆挤满了人，一定很难停车，而且好的位子早就卖光了，这时候本来很想进场观赏的人就不会买票。这就是人生——每个人都想要的东西就很难拥有。

不过拥挤外部性也有黑暗的一面，而且是跟效用这个观念有关。接下来这个故事的开头听起来可能不太有趣，不过还是让我们来看看，上周六晚上我做了什么事吧！

上周六晚上，乡村民谣女歌手凯瑟琳·艾德华（Kathleen Edwards）在旧金山的一间小酒吧举办演唱会。她可以说是我喜欢的这种奇特音乐风格中，最仰慕的一位女歌手，所以我得决定要不要开车北上去听她现场演唱。

我必须考虑参加这场活动所获得的效益（这是指无意识地想，就算是经济学家也不会每做一件事前，都特地停下来计算确切的效用），是否能大于我所付出的金钱成本、不做其他事情所付出的时间成本（我儿子那天晚上在我家，可以彼此好好相处），以及可能困在车阵中感到大为不满的成本。最后我决定冲了——开车北上旧金山。

我决定去参加这场活动，到底是不是正确的选择？以自私的观点而言，绝对正确。演唱会棒得不得了，完全超过我所付出的金钱与麻烦成本。但从社会的角度来看，其实这可能是错误的选择。

在我考虑要不要去参加这场演唱会时，我承认自己压根儿没想过，决定去旧金山会让好几千人的周六夜晚变得不那么美好。首先，我害马路变得挤了一点，我只代表一部车，所以影响不算太大；但如果我没有上路，那天晚上在 280 和 101 公路上的车当中，可能有好几千人可以提前一秒钟到达目的地，如果把这些时间累积起来，我上周六开车到旧金山这件事，大概总共吞噬了其他人一小时的生命。哇，我真是个混蛋！

而且我到了那间酒吧，在外面绕了至少十分钟才找到车位，我把车停进去后，代表其他没有占到这个车位的可怜人，就得花更多时间找车位。等他找到车位后，排在他后面的那个女人又希望落空了，就这样以此类推下去，天啊，我的混蛋指数又往上冲了！

最后，这场演唱会没有座位，是大家都会拼命往台前挤的那种。因为我去听那场演唱会，所以很多人离舞台的距离就远了一点，享受也就少了一点。没错，再度证明我就是个大混蛋。现在我觉得自己上周六去旧金山这件事实在是太糟糕了，我害太多人效用大失了。

征收排碳税让交通更顺畅——可行吗?

我们在决策时从来不会想到，自己的决定会降低他人的效用——但这不代表我是坏人，也不代表你是坏人。只要不是拒绝相信地球暖化理论的人，在开车或从事其他会排放碳化物的活动时，大概多少都会想到自己所创造的外部性。

近年来，丰田 Prius 这种油电混合车和电动车销量快速攀升，也证明很多人都因为排碳这种外部性深感罪恶，但这些人为何不会因为自己造成的拥挤外部性而感到难过呢？为什么这些人都不愿意改变自己的习惯，不要在我下次开车去听演唱会时，挡住我的路呢？说到底，人都是自私的。除了少数例外情况，我们决策时通常不会考虑其他人的效用。大部分的时候这其实没关系，但在有拥挤外部性的情境下就有影响了。

大家应该都听过“碳税”或“排放管制”等概念，这些政策的目标就是要控管驾车及其他排碳活动所造成的污染这种外部性。

虽然拥挤外部性的管制措施实在少见，也就是要大家把道路变拥挤这种加诸于别人身上的成本“内部化”，不过还是找得出几个例子。例如现在伦敦市中心部分地区已经划定为“交通拥塞区”，想开车进入这些地区的人就得付出高昂成本，平日每天每辆车最高得付十英镑。这套制度于 2003 年上路时，适用区域的车流因此减少了 40%，车速约增加三分之一（不过只让平均时速上升到十七公里多而已）。随着时间过去，车流量又回到收费前的水平，但当初若没有这个制度，拥挤外部性可能会更加严重。

其他意图控制拥挤外部性的作为，就相对没那么成功了。曾开车进纽约市的人就知道，纽约平日的交通非常可怕。前纽约市长麦克·彭博（Michael Bloomber）前一阵子便提出要对市区驾驶征税，但这个计划却从未付诸实行。彭博计划以伦敦的制度为本，要平日驶入曼哈顿下城区的车辆都得缴八美元的费用。虽然很多人都支持这项提议，但是有不少团体认为这个计划太过激进（对贫穷或中产阶级驾驶人造成的负担不成比例），或是会导致收费区外围的邻近区域车流量大增，因此无疾而终。

洛杉矶市的高速公路也是另一个传奇，南加州地区的高速公路根本是二十四小时的停车场，但却没有看到任何政策应运而生，这让大家在决定要不要开车上路时认真地思考，自己其实也是造成这种情况的一分子。

负面外部性也不完全都是拥挤外部性。拥挤外部性使人效用降低的原理在于：第一个使用某产品的人，会降低第二个用户对该产品的需求（或享受程度）。碳排放的外部性就简单多了——我开车就会制造污染，无论你开不开车都会因此受害。许多外部性都比较近似碳排放这种类型：某人的行为会伤害很多人，无论这些人有没有做同样的事都不例外。

理论上，我们可以透过税赋或限制人类行为来弥补外部性的问题，但造成这些外部性的团体通常很有组织、说话很有分量，而外部性的受害者却很分散，可能每个人的受害程度都不高，不愿意费心力去解决这个问题，所以政府常常难以推行必要的管制政策。

投资公立学校教育的必要性

现在大家应该已经清楚了解，在线交友的网络外部性（“需求创造需求”效应）只是外部性的一种，另外还有像开车会造成拥挤外部性，导致需求降低需求的情况。我们还可以看到较为一般的负面外部性，例如在污染这类案例中，一个人的行为会直接伤害到其他人（而不是让这两个人都消费的同一种产品价值降低）。接下来，我们要讨论最棒的一种外部性——一般的正面外部性（general positive externalities）。

Match.com的每个新女性使用者都会增加我的效用，因为我有机会可以遇上她，两人一拍即合；但就算我们两个人没有互动，这位女性（或者是男性、小孩）所做的其他事情，也可能会增加我的效用。

举例来说，我的邻居非常擅于园艺，我从家里就能看见他的花园，他对自己的花园很满意，而且每天都可以看到这个漂亮的花园。然而这件事对我也有好处，因为我同样可以定期欣赏这个花园的美景。他的草坪提升了我的效用，其实他应该要跟我收费才对，因为他把草皮修整得如此完美，可以让我变得更快乐。

事实上，有许多住宅区的管理委员会，清楚规定该区所有屋主都需维持草坪的美观。如果没有这种规定，很多屋主都不会全力维护家门前的草坪，但若是所有人都必须维持草坪美观时，正面外部性便能达到最大化，并可能反映在每天的愉悦程度，或房地产价值提升之上。

正面外部性就是公立教育体制（以及公平）存在的一大主因，每个人都有极大的诱因投资教育。我在第九章中会仔细阐述，受过教育的人可以因为教育获得许多益处。教育可以提高收入水平、争取更多工作上的福利，让人获得更有趣、重复性较低的工作，也可以让我们更健康等等，好处非常多。而且一个受过教育的人（平均来说）也会对邻居有利，例如他缴的税比较多，也比较不可能参与犯罪活动，所以他的邻居不用负担太多税赋，也会感觉比较安全。

在一些没有公立学校的地区，当地的孩子（与其父母）通常必须决定是否要负担私立学校的高额学费。假设有个孩子住在没有公立学校的地区，他认为付出高额学费去上私立学校是值得的，他就可以不怕麻烦，在附近挨家挨户地募集就学资金。他可以提醒每一位邻居，教育可以让他不会成为他们未来税金的负担，也比较不会成为打劫他们家的歹徒，或许他可以因此募得足够的资金入学。

还好，大部分发达国家的孩子都不需要这样挨家挨户募款上学，美国的孩子都有公立学校可念。我们整个社会达成共识，认为要让孩子透过教育产生正面外部性，最好的办法便是直接提供教育。事实上我们还更进一步，坚持每个孩子都得接受义务教育，直到十六岁为止（在大部分的地方皆是如此）。

许多孩子在十六岁时可能就不再念书，有些还可能成为常常打劫作乱的歹徒；但若是孩子从来没上过学，他们成为歹徒的概率一定更高。我们若能想办法确保学校在上课时，也教会孩子在决定是否开车时考虑自己对交通的影响，那在教育上的投资应该可以发挥更好的效果。

从网络外部性的角度来看，寻找另一半就像：社群网站、网络拍卖、进入购物中心。

经济学家的重要洞见：

在需求创造需求的市场里，成为某种产品的第一个供货商可以创造十分强大的进入障碍，是企业最有力的工具。在理想的世界里，政府有很多办法可以让世界变得更好，例如调涨高速公路收费、加征碳税，或是向平日进入市中心的车辆收费。

经济学家的择偶建议：

选个最大的交友网站吧！这种时候你得当个追随者，而不是领导者。

第四堂 讯号理论

PART 4

我有多重要
看你付出多少成本才知道

要在茫茫网海向心仪对象示爱，一朵虚拟玫瑰远胜一封万言书！回答Google古怪的面试问题、提早申请梦寐以求的学校、不用Facebook传个没诚意的“HB”祝人生日快乐，都是在传递“你对我很重要”的信号！

韩国某在线交友网站最近举办一场特别的活动，为期九天，内容结合了网络交友与快速约会。参加者一开始做的事跟平常在交友网站上一样，先浏览网站上的个人档案，接下来五天的时间，每个人可以邀请十个人出去约会。

除此之外，在这五天的邀请期中，部分参加者可以在两封在线邀请函中，附上一朵虚拟玫瑰，等于是让收到邀请的人知道，自己是对方最心仪的对象之一。下一阶段为四天的回复期，大家必须回复自己收到的约会邀请，基本上就是接受或拒绝，最后网站会将接受的双方配对在一起。

这个活动收费为每人五十美元，比该网站的标准月费稍微低一点。为什么网站要增加虚拟玫瑰这个设计？这有没有影响约会的结果呢？其实当初是几位经济学家说服该网站采用这个想法，而且虚拟玫瑰确实大大影响约会的结果。

20 世纪 70 年代早期，迈克尔·斯宾塞（Michael Spence）提出一个模型，描述我们对他人传递讯号以创造深刻印象的这个概念（这个模型替斯宾塞赢得诺贝尔奖），韩国的这些经济学家便想将这个概念付诸实行。

讯号理论承接了我们在第二堂课未完的讨论。假设我在交友网站上传送一段讯息给一位女性，跟她说："你的个人档案既有趣又有魅力，放眼整个网站，这一年我看过的档案里，只有你的档案最吸引我。"这只是空口白话，我可以在每封信里都说同样的话，收到这种讯息的女人根本没理由相信我。事实上，"我保证你对所有女孩都这样说"已经成为歌曲、电视节目和电影中的经典台词，几世纪来未曾改变。

所以，当我说某个档案是我最近看过最棒的一个，如果我想传递讯号证明我的话是真心诚意，该怎么做？我必须找个方法证明我讲的话有凭有据、真真切切。

前述韩国网站所做的促销活动，便是替参与者找到这个证明的方法。这些在网络上寻觅对象的男女有两次免费的机会，能够证明"我是认真的"，而且真实性无懈可击。如果我收到了一朵虚拟玫瑰，就知道这代表在所有的交友档案中，送玫瑰的人特别中意我（或至少我是他最中意的两个人之一）。我会感觉受宠若惊，也比较有可能接受他的约会邀请。

但别忘了，这个案例中的讯号之所以有用，是因为传递讯号必须付出代价。参与者使用虚拟玫瑰时，必须放弃一个很重要的东西——向其他人表示特殊好感的机会。这就是讯号理论的关键，也是能将空口白话提升到一诺千金的推手：付出成本才能传递的讯号，才有意义。

在一般的网络交友环境里，很难利用讯号促成第一次约会，我们找不到办法表明自己对他人的好感背书。但是在第一次约会时，讯号便可以真正派上用场了。

例如，我们知道女性比较喜欢会赚钱的男人（请见第九章）。交友网站上那些声称自己赚很多钱的话，都只是说说而已，并不可信——你可以说自己年收入一百万美元，上传照片时可以特别挑选，上传那些背景看来跟有钱人比较有关系的照片。因为没有人会检查你的收入究竟是多少，再加上 Photoshop 的神奇力量，我们根本没办法判断你在网络上的交友档案是否正确。

但是，在第一次约会时，你就有机会展现自己的财力了，你可以带对方到高级餐厅用餐，全部由你买单；不只穿着昂贵的衣服出现，还可以确保对方看到自己开的是 BMW（写是这样写，不过我在这方面其实很逊——第一次约会时我通常会建议在咖啡店见面，然后穿着牛仔裤、开着我的速霸陆去赴约）。

当然，在头一两次约会时，有些人可能只是做做样子——假装出手阔绰，但要做出这种样子的成本非常高昂，而这种成本也会导致分手，所以就有办法分辨出谁是真富有、谁是打肿脸充胖子。只有手头真的很宽裕的男人才有办法一直维持这种大手笔，让对方因他的财力印象深刻，所以约会几次后，他对财富相关的说法就变得有凭有据。

大学毕业比较容易录取，早起排队才是忠实移民?

迈克尔·斯宾塞当初开始解释讯号这个概念时，网络交友并不存在，所以他得用其他案例来解释他的想法。他想象在一个世界里，教育对提升生产力没有帮助，大学的目的只是为了让雇主找出他们想雇用的人。如果我们想象这世界上只有两种人——天才和天生蠢才，每个人都知道自己属于哪一种，但是天才没办法告诉大家“我是天才”，因为我们在第二章说过了，这种空口白话没什么用。但雇主还是得知道谁是天才，好让他们接掌高阶职位。

雇主该如何分辨这两种人呢？假设现在只有天才有办法取得大学文凭，天生蠢才也可以上大学，但是学校的课业非常辛苦，蠢才最后一定会休学或退学，没办法完成学业。知道自己是蠢才的人就干脆不念大学了，会直接接受低阶的工作，但天才就可以透过大学文凭证明自己的能力。他们在大学里可能没学到什么有用的知识，但却能向雇主证明自己有才能，所以有资格担当高阶职位的重任。

教育解决了空口白话的问题。这些潜在员工花费大量时间与金钱接受教育，实际证明自己的才能，让自己的说法有凭有据，但是，这个系统必须符合两项重要条件才能有效运作——第一，只要不是天才的人，绝对无法从大学毕业。如果蠢才也能取得大学文凭，他们就会去念大学，并且自称是天才。第二，大学文凭必须是个有用的指标，能代表一个人在职场中的能力。如果大学毕业不一定代表这个人是好员工，这个系统便会崩溃。

最近我遇见一位中西部水泥砖公司的创办人兼执行官，他所说的话便反映出，还是有些人相信教育的价值是可以用“讯号”的概念来解释的。他的公司里有些工作要求应征者必须要有大学文凭，原因在于“大学学历不代表你比较聪明，却代表你在那四年里忍受了很多事情，而且撑过去了”。我猜这位执行官从来没听过迈克尔·斯宾塞这号人物，但他对讯号的解释一定会让斯宾塞引以为傲。我希望讯号理论并不是大学存在的唯一解释——身为一位教师，我当然希望大家在学校里可以学到有用的东西，但讯号理论可以解释上大学（甚至研究所或高等职业学校）的部分价值所在。

这位水泥砖公司的执行官只凭直觉，便了解到教育的讯号功能。除了他以外，幽默作家戴维·塞德里（David Sedaris）描述移民的过程时，也对讯号的概念有十分精彩的诠释。

塞德里在《纽约客》的一篇文章中先是开始抱怨，他和另一半住在英国，但每隔几年就得申请新的签证，才不会被驱逐出境："整个过程包括要前往凄凄惨惨的克罗伊登区（Croydon），排在我无法想象的又长又绝望的队伍中，等上一整天！"

大部分的人看到这种情况，大概会认为这实在太折磨人、太不公平，或者把这视为政府永远效率低下的证据；但塞德里在文章中指出，这或许代表英国政府想运用讯号这个概念："大家都觉得离开家乡，到另一个国家安身立命很简单，但其实这个过程令人精疲力竭，而且他们是蓄意如此。政府想要淘汰那些懒惰的人。"

无论讯号的概念是不是真的与教育和移民有关，都蛮适合拿来解释虚拟玫瑰这个案例。如果把交友网站上的人想象成工作的应征者，想要向可能的约会对象展现自己是天才——在这个案例中意指他对对方特别有好感，远胜于对其他女人。如果他只是发一封信给她，信的内容看起来与其他好感程度没那么高的人（才能较逊色的人）就差不了多少，所以他得做一些成本较高的事（用上珍贵的虚拟玫瑰）来说服对方。

一朵虚拟玫瑰就是对目标对象的重大投资

讯号有用吗？虚拟玫瑰真的有效吗？事实上，虚拟玫瑰超级有效。在所有寄发出去的邀请中，大约有15%获得正面的回复；但若只看有附上虚拟玫瑰的约会邀请，正面回复率则提升到18%，这代表附上玫瑰会增加对方接受邀请的概率，大约提升了20%。如果只写“我真的很想认识你”会同样有效吗？大概不会，因为你跟谁都可以说一模一样的话。

仔细分析接受邀请的群体后，可以发现有更多证据显示虚拟玫瑰很有效，能让约会邀请变得更诚恳。该交友网站以数量方法计算每一位参与者的“魅力度”，运用身高、收入、教育程度及其他特质等资料，以过往的配对结果来判定哪些参与者是众所垂涎的对象、哪些人在大部分人眼中比较没有吸引力。

对魅力度最高的群体来说，收到虚拟玫瑰并没有太大效果，这也是预料中的事，毕竟这些人早就预期自己会是最抢手的对象。但魅力度没那么高的人，对虚拟玫瑰就会很有反应。对这群人来说，如果只说真的很想认识他们，听起来就只像是随口说说。

分析结果发现，虚拟玫瑰对魅力度中等的人而言效果最好，与没有附上玫瑰的邀请相比，他们接受附上玫瑰的邀约的概率比前者高上一倍！当他们接收到自己在他人眼中特别有魅力的讯息时，这个讯息的真切度有很重大的意义，因为他们在生活中已经听到太多空口白话，所以特别珍惜讲话有凭有据的人。换个角度来说，发送这朵玫瑰的人必须放弃其他机会才能把玫瑰送给你，这代表这朵玫瑰是对你的一个重大投资。

如果我们能追踪这些发送与收到玫瑰的人，看看他们是否真的结成连理、永远幸福快乐，一定会很有趣，不过现阶段我们只能祝福他们了。

求职市场中的虚拟玫瑰：我真的很想要这个工作！

就业市场没有虚拟玫瑰，对某些人来说非常困扰。有些条件很好的人，可能因为某些原因非常想争取不需要这么多优秀条件的工作，以这群人来看，就业市场没有讯号机制是很棘手的问题。

想象有个叫鲍伯的男生，即将从顶尖学府的商科研究所毕业，未来大概是想找什么工作就有什么工作。他曾经在一流的投资银行工作过几年，这家银行也承诺要等他毕业后再请他回纽约工作，薪水好得不得了。但鲍伯的太太辛迪在辛辛那提长大，两人已经决定毕业后搬到辛辛那提，住在辛迪父母家附近，两个人都找一份有成就感，但不会太辛苦的工作就好。他们想要多陪陪孩子，在学校帮忙带足球队，当然啦，也要有空闲的时间多阅读经济学的书（除了经济学这部分之外都是真实故事，他们是我认识的一对夫妇）。

鲍伯投了许多履历给辛辛那提的各家公司，横跨许多产业，他认为（而且他想得没错）无论是哪一家公司雇用他，能够请到他这种年轻的经理人帮助公司成长，或导入更专业的管理，一定都是公司很大的福气。但他的希望落空，没有一家公司回复他的求职申请，也看不出有雇用他的意愿。

这是怎么回事？这些企业就等于是那个韩国交友网站上的中度魅力者，手上资源有限，何必去理会一个看起来根本不属于他们这种程度的人？他们是想雇用鲍伯，但像鲍伯这样条件的人，不会在这种公司里工作。如果鲍伯真心想争取这些工作，就必须想办法证明自己是认真的。

鲍伯的情况十分棘手，他已经试着用话语传达，但功败垂成——他的求职信清楚解释他有多么想搬到辛辛那提、为这些公司服务。他必须有更大的动作，找到具备有效讯号两大特质的办法才行：他必须找出一个办法，这个办法必须要付出代价才能执行，但相较于其他不具备讯号接收者期望的特质的人（这个案例中的“特质”，便是想进入这些企业的决心），鲍伯比较能轻易承受这个代价，或者说承受代价带来的价值比较高。

很遗憾，要找出符合鲍伯需求的讯号不太容易。他可以提出很极端的做法，例如某段时间不支薪，但这种提议太不寻常了，或让人感觉他很绝望，可能会造成反效果。又或者他可以把其中一家公司买下来——运用他在商学院累积的人脉和过去在投资银行的经验，应该是办得到。但如此他便成了公司的老板，大概没办法如愿与家人共度许多高质量的时光。

比较可能奏效的办法大概是花很多时间做功课，仔细研究几家潜在雇主的企业需求，提出详细的计划，详述自己的技能可以如何协助公司解决问题或掌握商机。这个策略必须付出成本，但若鲍伯清楚辨识出这些企业的需求，就能展现他是最适合公司的员工，因为只有这种员工有办法做到这点。这个方法具备了好讯号的特质，但仍然有风险，因为这种做法很罕见，甚至还很奇怪。

一群经济学家决定正视这个难题，想出传递可信讯号的方法，表达“我真的很想要这个工作”的讯息（而且不会看起来很怪）。很遗憾，他们的研究只限于一小群特定的求职者——也就是其他的经济学家。

每年秋季，经济学准博士便开始找工作，把履历寄到各个大学、政府单位与其他可能的公司，为一年后毕业进入职场做准备。他们把数据寄到各个用人单位，指导教授也会为这些求职学生写推荐信，寄给这些公司；在此同时，经济学家还会与自身经济圈的朋友联络，想办法“推销”自己的博士生，或是请其他人推荐适合雇用的人选。求职者的优劣会逐渐排列出来，最优秀的是一流机构考虑的人才，有些人则排在次等的位置，如此依序排列下去。

这个系统运作得还算顺畅，但一直以来都有一个问题——像鲍伯这种等级的经济学家，很难说服第二或第三流的学校，相信自己真的很想在那里服务，就算自己拿到了哈佛的工作机会也不会接受（可能为了工作地点、生活风格等等理由）。

在各种求职市场里，大概只有这个市场中的求职者会接受一堆经济学家的建议，所以几个经济学家便一起集思广益，提出解决办法。他们建议美国经济学会（American Economic Association）建立一套系统，让求职的经济学家可以私底下发送讯号给可能的雇主，以两个讯号为限。换句话说，他们允许每位求职者发送两朵“虚拟玫瑰”（他们用的当然是不同称呼，因为在求职的情境里，把讯号称为玫瑰大概有点奇怪）。

美国经济学会特别建议求职者，不要把这两个珍贵的讯号用在他们最想要的两个工作上，而要把这两个讯号发送给“你很喜欢，但怀疑对方可能没办法雇用你”的机构。他们也建议求职者，不要把讯号浪费在每个人都会应征的一流机构上。

这些讯号大部分都照原本的计划运作，顶尖学府的学生用讯号表达自己对特定地区的偏好，以及对某些二流机构的特殊好感。求才的机构非常重视这些讯号——发送讯号可以提升求职者获得面谈的机会，约增加 25% 至 32%。这种效果在应征文理学院（liberal arts college）教职时特别明显，因为一般经济学家对这种学院的工作都不太有兴趣，但有一小群经济学家特别喜欢文理学院小班制的教学环境。这种讯号是很有效的方法，可以告诉这些学校自己真的很想在那里服务。

Google 如何从七万五千封履历中找对人？

在经济学的求职市场中，讯号成功发挥效用（在韩国交友网站中也间接获得成效），这代表其他市场的雇主也能运用讯号筛选求职者。

近几年来，Google 每周平均都会收到七万五千封履历，真的有一堆履历需要过滤，其中一定有不少人（说不定是大部分的人）根本不太了解 Google，只知道这家公司的产品很酷，而且是众所皆知的理想职场。有些人可能只是为了 Google 内部免费又高质量的员工餐厅去应征的。Google 该怎么拯救自己，以免于筛选这么多履历的困扰？怎么样才能控制求职的人，想办法让只有适合且合格的人才会来丢履历？也就是说，Google 有没有办法让求职者也提出像虚拟玫瑰一样的讯号？

想想有效讯号的两个条件，就知道 Google 创造的这个讯号系统，必须包含付出代价才能传递的讯号、只有最优秀的求职者愿意付出这个代价，而且这些比较优秀的求职者，必须要能分辨出自己就是适合的人，而条件较差的人也会意识到自己最好不要丢履历。

根据这套逻辑，Google 想出了几种办法，包括在硅谷的高速公路上张贴求职广告，广告内容是类似脑筋急转弯的问题，这种做法会激励那些可以正确解答的人来应征，这些人很可能会成为很棒的 Google 人。但 Google 仍然收到许许多多的求职信，可见这种广告没办法把不适合的人挡在门外。

有一种方法可能对 Google 这种公司有用，那就是向求职者收费。一开始可能会有很多人觉得不爽，而且这完全跟传统的求才方式背道而驰，但如果 Google 决定每份履历收取十美元，但这十美元全数捐予慈善机构呢？这应该就可以达成公司欲降低履历数量的目标，同时提升公关效益，可以跟外界宣传自己的求才活动每年都可募集几百万美元，嘉惠慈善机构。

Google 大概也不需要太担心讯号的问题，因为它在求才的过程中也获得不少营销效益。但是其他公司所处的状态，大部分比较像韩国交友网站上魅力中等的男女，或是想要雇用经济学家的文理学院。这些公司或许可以到一般的人力市场求才，但他们不知道哪些人适合且认真地想来公司工作，企业没办法让求职者发送讯号；但 Monster.

com 这个网站可以轻易模仿前述的经济学家求职市场，建置讯号传递的程序。该网站每个月提供所有上传履历者“最理想企业”的额度，求职者可以用在特定一家企业上，以真切的证据，向企业表明对方在自己心中排名第一。

如果这个讯号照我的计划运行，对大家都是好事，可以让某些人找到更好的工作，也能使企业挑选出经过深思熟虑、真心想为公司效命的员工。

大学应该独立招生？——统一申请是一种“反讯号”

网络交友市场瞬息万变，申请大学的过程则缓慢许多，也比较有组织，每所大专院校都要与每年的高三生进行一场配对仪式，从某些人在这场仪式中的行为看来，这场配对比在网络上找寻终身伴侣还重要。

对交友网站或 Google 等求才企业来说，虚拟玫瑰可能是有用的讯号，而大专院校则有能力要求大家提供一个最传统、必须付出代价的讯号——用真金白银支付的申请费。

申请大学与研究所一般都会收取申请费，也常常让各校的招生服务处成为大学里最赚钱的处室。这些费用对学校来说，应该提供了某种讯号的价值——学生申请前通常会好好思考自己的录取概率，不会付七十五美元申请一所绝对进不去的学校。但有许多竞争激烈的学校录取率奇低无比，所以申请费实在不够昂贵，不足以劝退所有机会渺茫的学生（而且入学审核大体上有不少无法掌握的元素，所以可以预期很多学生会抱着碰运气的心态提出申请）。

除了申请费之外，学生还得付出其他代价，例如搜集推荐信、写作文、填写表格等等。1975 年，美国十五所大学希望提升大学申请的效率，联合推出“大学统一申请系统”（The Common Application System），这套系统近几年越来越受欢迎。统一申请的目标在于促进公平与申请的方便性，学生很快便能发现这个统一申请系统的好处，因为大部分的必要信息只要透过这个系统提供一次即可，不需要再逐所学校分别填表、提供数据。

但是，这个统一系统根本是种“反讯号”，事实上反而拖累了申请效率！替所有高三生节省大量时间与劳力，怎么可以说是没效率呢？但这个统一系统可能会使申请大学变得太简单了。如果大学院校间有很大的差异，学生大概就会仔细思考哪所大学才适合自己，把申请重点放在这些能满足自己兴趣的学校上。

旧的申请制度可以做到这点——学生所申请的每一所学校，都必须付出比较多代价，该体制具备好的讯号系统应有的两大特质：学生必须付出代价才能传递讯号（申请学校），而且假设学生真的想清楚最理想的学校是哪一所，这个讯号（大致上）便能显示这个学生的条件，符合学校的要求。

然而，现在学生只要在计算机上多按几个按键，就能再多申请一所学校，所以与旧有的申请体制相比，现在的学生决定申请某所学校时，其实无法显示他对这所学校真正的兴趣有多高。

该系统在这方面的缺点，也因为最近的一个消息而暴露出来，那就是芝加哥大学考虑加入这个统一申请系统的消息。芝加哥大学大概是最晚才开始考虑加入系统的精英学府，其中一位反对该大学加入的学生写道："非统一的申请体制（芝加哥大学的独招程序）让我经历了一段灵魂煎熬的申请历程，这段痛苦经历对我意义非凡，无以言喻。"

一位新闻分析家在报道芝加哥大学这个事件时也提到，大学应该努力找寻"独特"的学生，以及"契合的对象"，也就是应该在申请过程中要求更多讯号。芝加哥大学最终还是加入了统一申请系统，但要求学生另外回答一系列特别的申论题，（理论上）可以让学校了解他们对学校的热情及是否合适。

另外一个反讯号的现代案例，便是 Facebook 上的生日祝福功能。过去我们需要花点精力才能记得朋友的生日，并表达祝福之意（送卡片或至少写封电子邮件给对方），但 Facebook 毁了这一切。我之前每周都会收到 Facebook 发来的邮件，提醒我这一周有哪些朋友生日，现在还更进一步——iPhone 会把所有朋友的生日列在行事历上，每当我看到今天是某个朋友的生日，我就可以马上到他的 Facebook 涂鸦墙留下"生日快乐"之类的讯息。

听到许多人祝自己生日快乐或许很不错，但我不喜欢这个新系统，因为知道每个人只需花十五秒的时间就能祝我生日快乐之后，这件事就变得不好玩了。有人会在我的 Facebook 上留下"hb"两个字母（译注：Happy Birthday 的前缀缩写），而且还不只一个人做过这种事。只有两个小写字母耶！我不想当个老古板，但我比较喜欢过去的秩序，每个孩子都得针对每所理想大学写作文，还有大家都得花点力气才能跟彼此说声生日快乐。

提早申请就是学生能掌握的最棒讯号

现在学生在申请学校时，主要能运用的讯号就是提早申请。在提早申请期间，大部分的精英学校会限制每位学生只能申请一所学校，这个系统基本上就跟韩国交友网站上的虚拟玫瑰，或经济学家求职市场的讯号一样，因为学生在提早申请期只能选择一所学校，所以让学生能有凭有据地说："这就是我理想中的学校。"

从正面的角度来看，学校可以了解这个学生比较有可能是合适的录取人选，但以比较愤世嫉俗的角度来看，这种限制提升了学校的"获利"（获得录取的学生中有注册的比率），有助提升学校在《美国新闻与世界报道》（U.S News & World Report）及其他机构大学排行榜中的表现。

无论你选择接受哪种诠释，大学确实对早期申请这个讯号有正面的响应。克里斯·艾福里（Chris Avery）与乔纳森·勒温（Jonathan Levin）最近发表一份大学录取率的研究报告，发现多数精英大学在早期申请期的录取率，为一般申请期的两倍。

大部分的优秀学生比较可能在早期申请时便提出申请，这点可以解释为什么这份研究会得出如此的结论。但就算我们控制学生的条件（也就是假设考试成绩、学业成绩及其他类似的条件不变），早期申请仍然可大幅提升学生的录取概率。

艾福里及勒温研究的学校都是学生挤破头要进去的窄门，包括大部分的常春藤名校、其他顶尖大学，以及像威廉姆斯学院（Williams College）这种一流的文理学院。他们发现在这些学校中，提早申请约能使考生的录取概率增加20%至30%。只要提早申请，即使是条件一般的学生，其录取概率也跟在学术能力测验（SAT）当中取得一百分以上高分的优秀学生一样。艾福里与勒温挑出了早期申请的几个潜在缺点，例如强迫学校与学生提前在非最佳的时机做出决定，但也清楚展现了讯号在申请入学过程中的重要性。

辍学生可以运用的讯号

常春藤名校的入学审核过程或许很有趣，但是这与大部分人的生活没什么关系。别担心，在教育领域中的讯号不只在顶尖大学中派得上用场，在学术光谱另一端的高中辍学生，也可以运用讯号帮助自己。我们现在来看米薇德的案例。

米薇德十五岁时就以为自己无所不知、无所不能，所以高中没念完就休学了。几年过去了，她回想起那段时光，又看着手上的孩子，决定要替自己的儿子提供更好的机会，但没有高中文凭的人很难找到好工作。

2005年的数据显示，高中以下学历者年收入平均为一万七千美元，而有高中文凭但没有上大学者的年收入则有两万七千美元，大约多出了50%。米薇德想往上爬，唯一的办法就是努力取得“高中同等学力认证”（General Equivalency Diploma，GED）。这是没有高中学历的成人唯一的机会，让她有资格争取需要高中学历才能申请的工作。

米薇德甚至加倍努力，最后还完成了大学与研究所学位，不过不是所有取得同等学力认证的人都和她一样拥有雄心壮志。现在她在德州刑事司法部担任健康行政官的工作，薪水十分不错。为什么她有办法开拓出这样的事业？原因在于高中同等学力认证这个讯号。

取得同等学力认证的辍学生，与其他没有完成高中学业的人不同，他们得通过考试，证明自己的教育程度与高中毕业生一样。这个考试让潜在雇主知道两件事：第一，该名求职者具备高中学历者应有的语言及数学技巧，对科学及社会学的理解也与高中毕业生无异。这种能力对许多职位来说都是重要指标，证明求职者具备了胜任工作的必要能力。这部分传达的讯息，与本章目前为止所讨论的讯号不太一样，因为技能并不只是这些取得同等学力的人特地付出代价、与其他辍学生做出区别，技能是直接有用的东西。

第二，同等学力认证考试证明这个人有动机去考试，而且会视情况研习所需的知识以通过考试。参加高中同等学力考试所产生的直接与间接成本不容小觑，考试本身耗时约八小时，考生还必须找到考场、完成申请表格，在指定日期、指定时间到考场报到。

考试还得缴费。每一州的费用都不一样，以米薇德当年考试的德州为例，目前高中同等学力考试的报名费为一百美元，若有科目不及格必须重考，每科加收二十美元。看起来可能不贵，但对许多高中辍学生来说却是不小的数字。除此之外，报考高中同等学力认证的考生，一般至少得花上二十小时念书，把投入的时间与模拟考的学费加起来，又是一笔不小的额外开销。

对雇主来说，高中同等学力测验所传达的讯息当中，第二部分才真正证明求职者付出了代价。或许有很多高中辍学生都有办法通过同等学力考试，但他们不想花那种心力跟金钱去取得认证。如果大专院校及雇用高中学历的雇主看重动机与抱负，那高中同等学力认证便具备了有效讯号的两种特质。因为需要耗费时间与金钱才能取得认证，所以这是要付出代价才能传递的讯号；且对大专院校及雇主来说，愿意进行这项投资的人比不愿投资的人更有价值。

这种说法听起来或许很有道理，但大家别忘了，取得高中同等学力认证或许也只代表这个人的脑袋里，比没有取得认证的人多装了一点东西。约翰·泰勒（John Tyler，与美国第十届总统恰巧同名）与理查德·莫奈恩（Richard Murnane）这两位经济学家想出一个办法，能够分辨高中同等学力认证究竟传达了哪种讯息是“有高中同等学力认证者拥有较多技能”，还是“高中同等学力认证是一种昂贵的讯号”？

他们两人挑选几个高中同等学力认证标准不同的州，分析这些州里持有认证与没有认证的辍学生，收入情况有何差异。因为每个人居住的州所设定的通过标准不同，所以就算能力与准备程度一样的人，在不同的州也可能会有通过或不通过两种结果，因此这份研究就能比较这些居住在不同州、但能力相同的人。

泰勒与他的同事发现惊人的结果：对年轻白人辍学生来说，讯号的效果很重大，光是高中同等学力认证这一个讯号，就能让他们的薪水提高 20%。但是对一些弱势族群来说，证据显示讯号似乎没有什么帮助。这个结果乍看之下有些难解，但其实有几个可能的原因，原来有许多取得高中同等学力认证的弱势族群都在坐牢，而取得认证的白人当中，坐牢比例就低了许多。所以，这些弱势族群取得同等学力认证后，或许也传递了第二个意外的讯息："我很可能正在坐牢！"

第一次约会就是要"烧钱"

前述韩国交友网站使用虚拟玫瑰背后的原理，在其他情境中也适用，这点在高中同等学力认证、Google 提出的讯号，以及经济学家求职市场的讯号等案例中都可以清楚说明。

现在，让我们回到先前提过的另一个约会情境——在第一次约会时炫耀自己的财富。我们知道，若所有条件维持不变，在交友网站上声称自己较为富有的男性，获得正面响应的机会也较高。但网站上说的空口白话必须要有证据，他们得向约会对象展现自己确实财力雄厚。

假设菲利浦这位男士正在寻找另一半，他在交友网站的个人档案中写到许多不错的条件，包括亮眼的薪水数字。当菲利浦与娜塔莉第一次见面时，他想确保对方相信自己真的很富有。娜塔莉与菲利浦见面后，马上可以确认他的身高是否与网站说的一致，也能确认他本人是否与网站上的照片一样迷人，但她还是会怀疑菲利浦真正的财力——他真的如自己声称的那样有钱，还是只是想借此骗她上床？菲利浦该如何解除这个疑虑（至少解除对方在财力这方面的疑虑，对于"骗她上床"这部分我没办法提出什么洞见）？

一位华裔两性专家建议年轻女性，找寻另一半时必须取得证明对方的好感与财富的讯号，例如首次见面的地点要离男方方便的地点远一些。她也建议女性仔细观察男方用的手表、手机、皮带与鞋子，会保留收据的男生要特别小心。

如果娜塔莉接受这位两性专家的建议行事，菲利浦还可以更进一步，提出最新的所得税申报数据来证明自己的财力，不过这种做法实在太奇怪了，可能会传达另一种负面的讯息，违背菲利浦的原始目的。

菲利浦与娜塔莉碰面时还可以选择另一个讯号来证明财力，那就是拿一把钱出来点火烧掉。这讯号绝对有效，但同样会让人质疑这个人的精神是否正常。这个做法是不是很怪异？没错，是很怪，但这是有效的讯号——必须付出代价，但对于有钱人，也就是菲利浦想证明自己所属的那个群体来说，这个代价并不高。所以娜塔莉应该会相信他真的坐拥金山。接下来就要看她到底喜不喜欢特立独行的风格、二手烟和众所瞩目的感觉，才能决定这个方法是否有效。如果菲利浦想选择一个比较环保（但还是很奇怪）的方法来达到同样目的，或许可以在约会时开张支票，捐给慈善机构。

在真实生活中，我们很少有机会看到钞票在烈焰中燃烧的场景。在蝙蝠侠系列电影《黑暗时刻》（The Darkest Hour）中，小丑在黑帮同伙面前放火烧钞票，目的在于证明自己的目标不只是为了钱，这个做法在电影中是个非常成功的讯号，但在现实生活中却很难上演。

烧钱拍摄广告：提供保固的企业讯号

不过，确实有许多人与企业常常在“烧钱”，向他人传递讯号，广告便是其中一例。很多公司在打广告时根本没有提供产品本身的信息，花那么多钱的目的只是要在消费者心中建立良好形象。从某种角度来看，企业的这种做法就是在宣告：“我们的产品很棒，而且我们要浪费一堆钱让大家注意到我们。不过我们最后一定会回本，因为我们的产品实在太棒了，我们很确定大家会持续使用这个产品，投资终将全部回收。”

简单来说，企业就是在传递讯号。广告很浪费钱，但是对质量较好的产品与企业来说，广告这个讯号的价值超越所花费的钱。如果企业花大钱推销一个烂产品，或许消费者会愿意试试这个产品，但大概很少人会回购，到处流传的负评也会让没用过的消费者却步。

企业必须相信消费者将会长期使用这个产品，或预期满意的顾客会跟其他人推荐这个产品，此时广告才会发挥讯号的价值。广告若是放在观光客聚集的地方，或许可以发挥较传统的效果，因为观光客来来去去，并非长久的顾客；但观光区的广告不会发挥有效的讯号价值，因为企业无论优劣，都能从这些广告中获利。

如果要把广告作为传递质量的一种讯号，就必须确保只有优质企业能从这种广告中取得稳定获利，而劣质商家则完全看不到任何效益。举例来说，像汽车和食品这种有重复购买行为的商品，厂商的广告决策很可能有部分是出自于传递讯号的需求，希望透过广告这个讯号，证明自己的产品比其他商家优质。

保固也是一种质量的讯号，效果更直接。保固与广告不同，传递讯号时不是烧钱，而是向客户保证，如果这个产品质量有问题，企业就得烧钱来处理。保固具备了良好讯号的两大特质——必须付出代价，且对传递这个讯号的优质厂商来说，这个代价比较低。

以本田与捷豹两个汽车品牌为例。本田的车以耐用闻名，捷豹的车外表亮眼，但进厂维修的频率也出名地高。对本田来说，保固服务的实际成本应该会比捷豹还低，所以承诺消费者优渥的保固条件，代价一定比捷豹低。捷豹若想扭转大家对捷豹车常常故障的印象，或许可以试着推出年限长又完整的保固服务，但是如果大家的印象属实，最后可能会发现要遵守这个承诺的成本实在太昂贵了。

当然，如果供货商可能破产或歇业，那保固也就没用了。这是保固的一大限制，只要承诺的企业有可能无法履行保固的约定，保固便成了空口白话，而且劣质厂商反而可以用较低的代价传递此讯号。

LinkedIn 烧钱压低股价，传递前景大好的讯号

交友网站上有很多优秀的男士，但也有不少骗子和披着羊皮的狼。科技产业也不遑多让，市场上有很多新兴企业，握有绝佳的科技发明，但也有些公司的想法和产品很蠢，难以利用。想要投资科技产业的客户，与交友网站上浏览个人档案的女性其实都面对同样的问题——到

底谁会带你上天堂，谁又会让你住套房？

创投家、银行以及许许多多的投资人每天都在问这个问题。投资人与网络交友的人比起来有更多方法可以找答案——企业揭露的数据、新闻信息以及小道消息的部落格等，都能让投资人一窥企业内幕。另一方面，拥有绝佳点子与前景的企业，就会希望清楚告诉大家自己的潜力有多高。如同菲利浦试图向娜塔莉证明自己的资本有多雄厚一样，这些企业经理人也有同样的想法。优质企业的经理人该如何让自己说出口的话有凭有据，向世界证明自己的投资价值？

其中一个可能的答案，便是在公开发售股票时烧钱，或者更精确地说——把钱送出去。假设有两家看起来一模一样的公司，都准备要首次公开发行股票（IPO）。两家企业都希望在这个过程中募得越多资金越好，而且企业经理人都很清楚自家企业的产业前景，其中一家公司的执行官知道，自家企业会成为下一家Google；而另一家的执行官则清楚自己的公司未来只会表现平平。

前途一片光明的企业，经理人便有诱因低估公司的价格——稍微压低股票价格，如此一来便可向投资人展现经理人本身及企业的质量。当经理人未来需要再度募资时，便会享受到更多回报。如果他预期未来不会再有募资的需求，那么股票便宜卖所传递的讯息便等于丢到水里。

而企业前景马马虎虎的那家企业在首次发行股票时，执行官绝对不会定出低价，因为这家企业未来的情况不会进步，不可能有机会再度回到市场募资，所以现在低估股价来传递讯号的成本太高。因为该企业的经理人知道，公司未来的股价不太可能有长足进步，所以会希望用最好的价格完成首次公开发行。

2011年时，LinkedIn首次公开售股，发行当天股价立刻翻涨一倍，如此快速的增长代表该公司的股票定价只有市场价值的一半。在2011年5月19日当天，以四十五美元买下LinkedIn首发股的投资人，当天收盘时就能以九十美元的价格获利。

《纽约时报》专栏作家乔·诺瑟拉（Joe Nocera）认为，LinkedIn的首发股价格这么低，根本是“被他们的银行骗了”；但也有人认为LinkedIn只是在传递质量的讯号，期待日后发行更多股票时能享受更好的股价，坐享大丰收。

LinkedIn公开发行后过了几天，《纽约时报》另一位记者兼专栏作家安德鲁·罗斯·索金（Andrew Ross Sorkin）也在报道中解释此策略的运用：“LinkedIn发售的股票只占公司总规模的5%，如果股价维持得不错，公司未来就能募得更多现金，这才是企业高层真正关心的事。”

Zynga这家公司的命运就没那么顺遂了。这家社交游戏厂商的股价在首次公开发行当天便下跌了，可见企业高层与银行团定价时完全没有保留，认为自己没必要传递关于企业前景的讯号。讯号固然不是影响公开上市时股价的唯一因素，但这两个案例会让大家预期LinkedIn的前景一片光明，超越Zynga的潜力。

我的意思不是说Zynga应该要在首次公开发行时故意卖低，把白花花的钞票让给投资客，但Zynga在定价时毫不保留未来再度发售新股的定价空间，这其实可以向股东透露出某种讯息。更广泛地来说，无论各位身在何处，我都不鼓励大家放火烧钱，因为这太浪费了，而且大家也不应该再污染环境了。不过在职场、股市、申请大学还有约会时，用另一种方式“烧钱”，其实可以为自己的话提供真凭实据。

以讯号理论的角度来说，寻找另一半就像是：申请入学、让自己在所有求职者中鹤立鸡群、决定公司首发股的股价，以及祝他人“生日快乐”。

经济学家的重要洞见：

有时候浪费时间、金钱或心力去传递讯号是值得的，因为能够清楚证明你拥有高价值或比较优秀的东西；但若手上没有同样优秀特质的人也有办法传递同样的讯息，或是有可能愿意排除万难去传递同样的讯号，那就千万不要投资传递这个讯号。另外，虽然没有证据证明取得高中同等学力认证的美国高中生，在准备考试的过程中学到什么有用的技能，但他们仍会因为花费心力去取得认证而获得奖励。

经济学家的择偶建议：

如果想要证明自己财力惊人，就在第一次约会时大胆烧钱吧！

第五堂 PART 5
统计歧视

我不是针对你，是针对和你一样的多数人

某些特质就是会让人不太想和你进一步交往，例如“分居中”；也会让人想用更高的价格卖东西给你，例如非裔顾客相较于白人顾客。这些偏见影响的不只是人和人之间的关系，更影响了市场上的经济运作！

我与前妻在离婚时并没有急着要把一切手续赶快办完，但我们也没有打算要和好，当我在交友网站 Match.com 注册时，离婚的法律程序还没办完，但除此之外，我与前妻已经彻底分开了。所以，我在交友网站的个人档案上，将感情状态标示为“已分居”，并附上一段简短、坦白也十分天真的文字，说明自己最近已经与前妻分开，想寻找一段新恋情。

当时我没想到，刚分居的男子通常可以分为以下三类：

第一类：满心期待回到约会的世界，想要享受约会的快乐，对过去没机会认识的有趣女性非常好。

第二类：可能与分居的妻子复合的男人（或是根本还没与对方断干净，这就更糟了）。

第三类：灰心丧气的可怜虫，对于婚姻失败气愤又不甘心。

我当时想当第一类人，而且假设我确实属于第一类好了，但交友网站上的女性根本没办法只靠这些个人档案，就判断我是第一类的男人，她们其实分不出我跟第二及第三类的男人有何不同。而且，相信在交友网站上寻找伴侣的女性，遇见第二与第三类男人的概率还挺高的。

所以，一开始没什么人回应我的个人档案——即使以中年秃头经济学家的低标准来说，反应还是不算热烈，我寄给其他女孩的电子邮件也大多石沉大海。其中一位回信的女生写道，她很欣赏我如此坦白，但她发现许多刚分居的男人都还没准备好开始新恋情，所以她不与刚分居的男人约会。另外一位女士则说她十分为难，因为我的档案各方面都显示出我完全符合她择偶的标准，但是她不与分居中的男人约会。她还安慰了我一下，说她也不跟从来没结过婚的男人交往，因为她认为这代表这个人无法维持长久的关系(或许可以把这种人归为四S类)。

后来我还是持续写信给她，信的内容和口气很俏皮，至少我觉得应该是很成功的纸上暧昧，终于说服她答应与我出去喝杯咖啡，让我有机会证明我不是她想象的那种分居中男人。但是在约会当天早上，她传了一封简讯给我：“最后我还是觉得跟分居中的男人交往，感觉不太自在。感谢你如此坦白直率，祝福你。”顺便一提，在网络交友的世界里，称赞对方很坦白其实没什么安慰的效果。

大部分的人可能会说，这些女性对于我分居状态的反应，其实是根据对分居男人的刻板印象而来，用经济学家的语言来说的话，我就是“统计性歧视”的受害者。这些女人拒绝与分居中的男人约会，并不是因为看不起这些男人，或是认为分居中的男人是坏蛋，才出现这种歧视的行为，因为这些女人是愿意与离婚男人约会的，而离婚男人都曾经历过“分居中”的状态。女性歧视分居中的男人，是因为她们会联想到第二及第三种类型。

从这个角度来看，“歧视”这个词其实没有平常想的那么邪恶。统计性歧视与个人喜恶而生的歧视行为不同，因为当某些人因统计性歧视而伤害某个族群或团体时，他们对这个族群并没有负面情绪。

举例来说，美国南部过去实行的吉姆·克劳法（Jim Crow Laws）[①]就属于喜恶相关的歧视，制定且执行这些规定的白人就是不喜欢黑人，所以不想与黑人有任何关系。

然而网络上那些女性对我“分居中”状态的反应，则属于统计性歧视，因为她们只是把“分居中”当作一种筛选机制，过滤掉那些可能会有她们讨厌的特质的人。我并非遭受到“歧视”，而是因为信息不足而受害。

统计性歧视来自于信息缺乏

为了解决这个信息不足的问题，我试了几种方法。我不能说谎，声称自己已经离婚（这等于空口白话，详见第二章），所以我决定在个人档案上提供额外信息，加上一段批注说明我在“心理上”已经离婚了，只是还在等待法律程序走完，才能在“技术上”真正离婚。第二，我减少自己提供的信息，做法是向外发展，到另一个交友网站上注册。这个网站就是 OkCupid。OkCupid 的个人档案不包括婚姻状态这个选

① 1876 至 1965 年间，美国南部各州针对种族隔离制度制定的相关法条。

项，所以看到我的档案的女人，无从得知我的婚姻状态，必须直接问我（也没有人这样做）或等我主动揭露才会知晓。通常与一名女性见面几次后，我一旦确定她知道我不是第二或第三类男人时，就会开始解释自己的婚姻状态，但我也不会等太久，以免她以为我在刻意隐瞒什么。

我有一位朋友与妻子结婚三十年，但妻子先走了。感情空白好一段时间后，他才开始重新约会，大概比我早个几年回到寻找另一半的市场，但统计性歧视却令他获益良多。我那位朋友很有趣，是个很好玩的人，不过他身体不太好，而且外表有点……嗯，这样说好了，他在交友网站上若要说实话，绝不能说自己是“爱好运动、肤色健美”。不过他的个人档案看起来就是属于第一类男人，女性对他会有正面的预设立场，所以他寄信给女性都收到回应，也会收到女性主动寄来的电子邮件和俏皮的图释。

从锁车门到临检——无所不在的统计性歧视

我的“分居中”状态所导致的统计性歧视，对我造成了一些小困扰，也限制了我可以挑选的女性范围，但在其他情况下，统计性歧视的杀伤力可能更大。在以下几个例子中，扮演“第一类男人”角色的人，同样因为信息不足而无法将自己与第二及第三类男人区隔开来，也因此付出实质代价：

例一：一般人开车时可能开了好长一段路也不会锁上车门，但一开到贫困小区时就会特别锁上。驾驶员本身虽然对穷人没什么成见，但他们看见穷人后，就会将贫穷与犯罪概率联想在一起。

例二：一家公司求才时收到许多履历，求职者皆为二三十岁的年轻人，此时公司通常偏好录取男性，因为这个年纪的女性比较有可能离职，或为了生儿育女请产假、育婴假。平均来说，这个年龄层的女性待在同一个工作岗位的时间确实比同龄男性还短，所以雇主这种想法并非不合理，但这仍然会令所有女性十分丧气，那些没有生子计划的女性尤其如此。不计划生养后代的女性与想生孩子的女性被当作同一个群体，在雇主眼中都一样无法成为首选。

例三：男性这个群体在求职时偶尔会受到歧视，因为男性犯罪的可能性比女性高。另外，教育程度低的年轻男性投入职场的情形较过去恶化，所以雇主对于低技能男性求职者有时会有预设立场。最近我访问一位中西部的小企业老板，他的仓库当时正缺人，那个职缺不要求太多技能，但负责的人一定要认真努力，而且绝不能偷窃公司仓库的货品。这家公司的仓储工作绝对不在大夜班时进行，当我探究其原因时，老板回答："仓库里最棒的员工就是单亲妈妈，她们家里有孩子、丈夫则是大饭桶。如果安排大夜班的时段，这些妈妈就不会来帮你效命，反而是那些没用的男人会来。所以设计合适的工作时间，才会获得更好的员工。"外面一定有不少低技能的男员工能够胜任这种仓储工作，但这位老板却因为统计性歧视而对他们没有好感，这个老板在乎的不是性别——他在乎的是男性比较可能是不好的员工，这就是他过去的经验。

例四：二十岁的男性与女性相比，即使驾车记录一样、其他条件也都类似，但男性投保车险的保险金通常比女性高。有很多二十岁男性开车都很谨慎，但保险公司没办法盯着他们，无法获得他们驾车习惯的确切信息，所以无法根据个别男性的驾驶记录判断保险金。因为平均而言，二十岁男性的车速会比同龄女性高，也比较不稳定，所以即使保险公司对男性没有敌意，这些二十岁男性还是会受到统计性歧视的伤害。

例五："种族歧视"（Racial profiling）也是一种统计性歧视。有人指控高速公路上的巡逻警察比较常拦查少数族裔的用路人，阿拉伯裔的乘客在机场安检时也常常遭受特别待遇。此类特殊检查有一部分可能是因为喜恶而起的歧视，或许有些警察确实对少数族群有敌意，滥用自己的权力骚扰这些族群的驾驶；但也有另一种可能的情况，就是这些警察对少数族群并没有敌意，机场安检人员对阿拉伯人也没有敌意，但他们相信（且有部分实证证据支持）特定族裔与他们有权压制的事情有正向关系（警察要压制犯罪、机场安检人员得压制恐怖分子登机）。

以上几个案例都是理性的统计性歧视，或可称为"真实的"刻板印象。这些团体里的每个人都不一样，但一般人对这些团体带有的预设立场，却是基于实际的统计关系而生。这些案例清楚证明，统计性歧视充斥在日常生活当中。

但即使"歧视"一词让人联想到不公以及应该谴责的行为，大家却容忍许多统计性歧视行为继续上演。对于机场或高速公路执法人员根据种族歧视执法的作为，我们已经开始强烈抨击，但为何没有人觉得女性不该只因为“分居中”这个原因，拒绝一个男人？雇主在聘雇员工时不得歧视女性，已经是美国《民权法》中的一条规定，但消费者为何愿意继续忍受保险费方面的性别差异？

听起来很“公平”的歧视

我认为造成这种差别待遇的原因有二，第一个原因跟经济学没什么关系，基本上大家就是认为有些统计性歧视看起来很公平，有些看起来不公平。很少有人会同情分居中的男人可以选择的对象比较少，而且其实再等一阵子，这些男人就会移动到“离婚”这个类别了；但如果统计性歧视影响到的团体，是一群无法改变自己受歧视身份的人（比如女性、少数族群、阿拉伯裔），很多人就会认为这种歧视不公平。

或许有人会说，既然男性也无法选择自己的性别，那男性的车险费用较高，应该也可以博得不少同情才是，但以性别定保险费这件事，并没有引起什么反对声浪。这大概是因为一般人相信男性在生活中享有很多好处，足以弥补在保险费方面的损失，也有可能是因为男性年龄较长后保险费自然会下降，所以没有什么人反对这种做法。

第二个决定某种统计性歧视是否可以接受的因素，则与经济效率有关——也就是某种统计性歧视的效应是整个社会必须共同承受，还是只有某些人承受损失，其他人则能获利？

举例来说，如果政府现在宣布，车险定价时禁止再参考性别这个因素，结果会如何呢？大家想压低保险费的诱因仍然不变，所以会继续遵循安全的驾驶行为，年轻男性可以省下一点钱，年轻女性可能会损失一点钱，有些过去买不起车险的男性现在就买得起了，而有些女性则会因为保险费调高而无法投保车险，年轻男性因此获得的益处，大约等于年轻女性所增加的成本，两相抵销后对保险公司的获利没什么影响，无论是驾驶数目、事故率和保险公司的获利率，都不会有什么改变。

现在换个场景，假设一家公司正在挑选新员工，参加应征的人都是二十几岁，男女皆有。如果人力资源主管认为同样条件的男性比女性更能持久待在这个工作岗位，然后据此选择录取男性员工，这会造成什么结果？对这个情境里的所有人来说，直接的效应就是会造成零和的局面——获得该工作的男性会过得比较好，但若没有这种歧视就会获得这个工作的女性，就会过得比较不好。如果后果只有这样，我们大概还是会认为这种歧视不公平，但也不会没效率——好坏之间的效果会互相抵销。

但如果我们让这位因为歧视而没拿到工作的女性穿越时空，回到还在大学的时候，她可能会意识到雇主对性别有预设立场，而且会用这种立场决定是否要录取她担任某个职位，这就代表自己未来的职业前景有所限制，此时她可能就不会那么努力学习，或很快便离开学校。

换句话说，她预期自己在大学方面的投资回报率很低，所以会减少投资，此决策使她不再投资自己的教育。但若她投资自己的教育，只要未来有办法提出凭据，向潜在雇主证明自己不会轻易离开职场，这个教育上的投资就能回收了。结果不只是这位女性受伤，整个经济也因此受害——她不再投资教育自己，所以她自己及整个社会，都无法享受到这个投资的报酬。

即使只是间接歧视也会惊动法院插手

统计性歧视会阻碍公平与效率，所以在某些情境下为非法行为。美国司法部民权司几年前编撰了一份预防种族歧视的指导原则，当时的检察总长约翰·艾考福特（John Ashcroft）解释这份原则的重要性时，便提到了公平（他说种族歧视是“不对的”）与效率（他说种族歧视“损害人民对执法部门的信心，打击执法部门公信力”）。

美国《1964年民权法》（Civil Rights Act of 1964）第七章清楚规定，雇主于聘雇、开除或晋升时，不得歧视员工或潜在员工，职场上的统计性歧视行为自此成为违法行为。美国平等就业机会委员会（The Equal Employment Opportunity Commission，EEOC）也透过定义的方式，确保该条文中所指的歧视不仅包括喜恶相关的歧视，也包含统计性歧视。委员会将“歧视行为”定义为“因个人的性别、种族、年龄、宗教或民族，而对其能力、特质或表现有刻板印象或预设立场，并根据这些刻板印象或预设立场，做出聘雇决策”。

这条规定并没有区分有效及无效的预设立场或刻板印象有何不同，所以就算雇主的统计性歧视决策背后有确切的人口数据支持，也不能有任何统计性歧视行为。

有时候企业可以钻些漏洞（也因此还是会做出统计性歧视的行

为），其中一个方法便是设定一些条件，而这些条件对受歧视的群体阻碍效果比较大，对不受歧视的群体影响比较小，借此排除不想要的群体前来求职。

举例来说，虽然企业可以禁止有前科的人前来应征，但其实这种条件所排除掉的男性远多于女性；企业也可以规定应征者负重能力的最低门槛，但这个条件所排除掉的女性远多于男性；企业也可限定大学以上学历才能应征，但这个规定会导致很大比例的非裔美国人与原住民无法应征。但是在设定征才条件时，必要条件与统计性歧视间的界线有时十分微妙。统计性歧视所造成的这种差别影响现象（disparate impact），也导致一些重要的诉讼案件。

美国1971年格瑞格斯控诉杜克电力公司（1971 Griggs v. Duke Power Company）一案便是一例。最高法院针对该案的判决显示，高院认为企业的聘雇程序，不能对特定群体的劳工造成差别影响。

杜克电力公司在北卡罗来纳州戴波市（Draper）有一座电厂，在《1964年民权法》通过前，这家电厂的部分职位，都具体要求只有高中毕业的白人劳工可以应征。自1965年开始，该电厂不再禁止非裔美国人担任这些职位，就此终结政策上的歧视作为；但控告电厂的其中一位原告却说，电厂还是要求应征者须有高中学历，这条规定仍然歧视非裔美国人。

原告方认为，许多没有高中学历的人仍然有资格胜任这些职位，但是非裔美国人要拥有高中文凭的概率却低了许多。换句话说，原告认为电厂根据错误的假设（或是错误的刻板印象——没有高中学历的人比较无法胜任此工作），而有此种统计性歧视的规定，应予禁止。

法院同意原告的说法，特别指出没有证据显示高中学历与工作表现有关系，此判决代表雇主在设定工作条件时，有责任证明这些条件有其“商业必要性”（business necessity）。

如果在网络交友的世界里，“分居中”的男人也受到保护，跟这些受到反就业歧视法保护的人一样有法律保障，那女人在选择伴侣时就不得参考对方的婚姻状态，否则便是违法。所以女性可能得设定别的方法来辨别哪些是第一类男人，哪些男人又是第二或第三类。

举例来说，她可能可以声明：与前妻分开后没有认真交往经验的男人为拒绝往来户。不过若把格瑞格斯案中“差别影响”的逻辑用在网络交友上的话，女性采用上述筛选条件时，必须要能证明“离婚后曾经认真交往过”这个条件，是决定一个人是否为第一类男人的重要因素。不过其实大家都可以松口气，因为最高法院不管这种事的，分居中的男人得自行奋战。

在职场上撑久一点就能对抗统计性歧视的薪资差异

如果我的经验可代表所有分居中男性的话，那就等于只要是分居中的男人在网络上寄发约会邀请，收到的回应都会比已离婚的男人或鳏夫还少，这就跟现在女性工资平均仍低于男性的现象，是同样的道理。即使调整了教育程度、工作经验等条件后，女性工资仍比男性低。我们很难证明男女不同酬的现象究竟有多大程度需归咎于统计性歧视的问题，但统计性歧视绝对与这个现象脱不了关系。

如先前所说，同样条件的男女相比，女性待在某一个工作岗位上的时间平均来说比男性还短，所以有些公司偏好录取男性，不过企业也可透过薪资解决这个问题。只要法律许可，女性在一家企业里获得的工资，可能会比同样条件的男同事还低。

当企业认为一名女员工很有可能要离职了，此时男女薪资的差距会更明显（企业可以评估女员工是否有计划生儿育女、她丈夫的工作是否需调往外地等）。不过企业通常无法精准取得这类信息，所以会将女员工的薪资维持在比男性低一点的水平。

我已经说过，这种歧视在女性进入职场前其实就已开始发酵，而且相关效应会不断扩大，影响可能十分剧烈。有些女大学生可能认为自己未来很快就会离开职场去生孩子，所以在学校没有用功的动机，女性根据他们对企业行为的预期做出这种决定后，就会导致女性最后变成较不出色的员工（平均来说），所以女性的处境便越来越糟，就算她们受过教育，训练的结果与生产力还是不如男性。

总而言之，女性——包括那些决定长久为公司效命的女性——受到歧视的原因有二。第一个就是最直接的问题，她们无法证明自己想要长久留在职场。第二，大家会预设这些女性为了这个工作投入的准备比较不足，这是因为其他女性对自身诱因的合理反应便是不需要全力以赴，所以间接造成这个问题。

在某些案例中，可以透过有创意的叙薪制度解决此问题。假设平均来说，男性与女性待在某个工作的时间一样长，但是企业比较能够预测男性求职者的未来动向，更具体来说，我们假设所有男性录取后都会在公司服务十年，而女性则有一半会在两年后离职去生孩子、另一半则会服务个十八年才走，企业主无法得知哪些女性会很快离职，要到她们提出申请时才会知道。

就这个案例来说，公司可以设计一个以年资为主的叙薪制度，很快就会离职的女员工薪水比较低，而在职场待久一点的女性薪资就高上许多，男性的薪水数字则是可以预期。企业运用年资为主的叙薪制度，让男女员工薪资水平平等，企业也能快乐地平等雇用两性员工，但这个系统仍然不完美。例如一个女生在决定要接受多少教育时，若还没想清楚未来是否要生小孩，很可能最后在教育上的投资会不够，成为自己日后职业前景有限的始作俑者。

就算雇主在聘雇员工时会受到刻板印象影响，等到他们深入了解一个人之后，应该还是能根据他真正的特质，来评断他的价值（至少开明的企业可以办得到）。换句话说，企业会“认识”他们的员工。

乔瑟夫·艾敦吉（Joseph Altonji）与查尔斯·皮耶瑞（Charles Pierret）两位经济学家曾进行一项有趣的研究，结果显示企业在聘雇时会根据员工的教育背景而有某些假设（也就是统计性歧视），但日后他们可能会发现有些员工的表现，比他们原先基于教育背景做出的预期更好或更差，此时企业便会根据个人能力调整员工的职业发展。

研究数据显示，随着时间过去，员工的背景不再是员工生产力或工作表现的有效指标，员工的薪资就会越来越分散。艾敦吉与皮耶瑞证明教育背景在薪资这方面的指标性会随时间下降，而其他雇主一开始无从得知的能力指标（例如智力测验的结果）与薪资水平的关系却随时间越来越紧密，这也就是企业会因为教育背景而出现统计性歧视的最有力证据。

这些结果真是好消息，因为这代表只要在职场里撑下去，抓到机会表现自己的真本事，统计性歧视造成的伤害是会消散的。在网络交友的世界里，统计性歧视的负面效应也会消散，但原因不太一样——分居中的状态总有一天会变成离婚。

开价比较贵并不见得是出于敌意

最近许多有趣的研究都在探讨商品市场中的歧视现象，伊安·艾尔斯（Ian Ayres）与彼得·席格曼（Peter Siegelman）的研究便是一例。他们两人招募了不同人种与性别的参与者，请他们假装要买一台新车，与车商讲价。研究发现，车商开给白人男性顾客的价钱低于白人女性，非裔美籍顾客拿到的价钱则是特别高。

但是，我们没办法判定车商究竟是因为喜恶或是统计性歧视，而出现此种情况。白人男性顾客拿到比较好的价格，原因可能是车商觉得与非裔美籍顾客互动不太愉快，所以一定要有高一点的卖价弥补，才愿意与他们做生意（这就是喜恶性的歧视）。但也有可能是因为车商认为非裔美籍买家讲价的技巧比较差，有机会用高一点的卖价成交（这就是统计性歧视，而且可能是奠基于错误的假设）。

最近有三篇研究运用巧妙的设计，将一般商品市场互动中的统计性歧视与喜恶性歧视清楚划分开来。第一篇研究的作者是约翰·利斯特（John List），研究方法与艾尔斯及席格曼的研究十分类似，不过利斯特招募了不同种族、性别与年龄的参与者后，不是请他们去买车，而是到运动迷的周边商品交易会去购买棒球选手肯·葛瑞菲（Ken Griffey）的球星卡，并分析卖家对不同群体买家的开价。

这份研究同样聚焦市场的销售面，结果与艾尔斯及席格曼的发现也很类似——白人男性拿到的成交条件，比其他群体的消费者都好。以卖家的开价来看，白人男性拿到的价格最好，讲价之后的成交价也比其他群体都低。此结果显示球星卡的卖家在贩卖时，有某种形式的歧视行为。

利斯特下一步便邀请大部分的卖家参与一些实验，以确认卖家的歧视是不是因为喜恶而起。在这些实验当中，卖家有许多机会显露出自己的喜恶歧视，而且大家不会知道是哪个人显露出这种倾向（连利斯特也不知道），但利斯特仍然没有发现任何证据证实这些卖家对少数族群有敌意。此结果代表，先前在球星卡交易中发现的情形为统计性歧视的结果，卖家开价差异背后的原因在于，预期少数族群会愿意多付一点钱购买想要的卡片，或是愿意以较低的价格售出手上的卡片。

利斯特这份研究的限制在于，球星卡交易的买家与卖家比较小众，可能无法代表整个经济体的情形。另外两份研究则尝试包含更大规模的市场。阿萨夫·祖斯曼（Asaf Zussman）的研究主题是以色列国内犹太人（该国的主要人口）对阿拉伯这个少数族群的歧视情形。

他在以色列最大的分类广告网站上找寻卖车广告，寄信给八千位刊登售车广告的犹太人说要买车，每位卖家都会收到两封电子邮件，内容基本上没什么两样，只不过一封署名为“穆希”（Moshe，标准的犹太裔名字），另一封为“穆罕默德”（Muhammad，标准的阿拉伯名字）。两封信的开价皆比卖家广告上的售价还要低一些。

祖斯曼发现，以犹太人的名字署名的信收到回复的概率，比阿拉伯署名的信高出许多，且阿拉伯买家若在信中写到愿意以卖家的定价购买的话，收到回复的概率大约等于愿意以九五折到九折的价钱购买的犹太人。这些证据都显示卖家确实有歧视行为。

接下来，祖斯曼打电话联系每位售车的犹太人，请他们参与一份调查。调查看起来与他们所收到的买车信没什么关系，问题内容是关于他们对阿拉伯人的感觉，以及对阿拉伯人与犹太人关系的想法。这些车商根本不知道（至少没有人告诉他们）之前的买车询问信与现在的电话调查有关系。

祖斯曼接着比对每位车商的调查结果，与针对不同买家的回信情形。调查结果显示，受试者在许多方面都对阿拉伯人没有好感，许多人表示他们认为阿拉伯人的智力天生就比犹太人低，而且应该要强制隔离两种人的娱乐场所。但是统计上来说，问卷里只有一个问题的答案，与这些车商在汽车交易所显现出的歧视行为间有相关性——也就是对“在以色列的阿拉伯人比犹太人更可能会有欺诈行为”这句话的同意程度。

所以，虽然犹太人对以色列国内的阿拉伯人没什么好感，但在与阿拉伯人交易时，只要认为对方不会欺骗自己，那这些犹太人还是可以把负面的想法先摆在一旁。换句话说，祖斯曼的研究结果显示，犹太人在交易时歧视阿拉伯人的原因不在于厌恶阿拉伯人，而是因为犹太人认为阿拉伯裔的骗子比较多。

最后一份研究来自美国，作者珍妮弗·多雷克（Jennifer Doleac）与路克·史坦（Luke Stein）同样选择在线分类广告网站作为研究领域。多雷克与史坦选择一个网站，在其三百个地点的分页中，刊登全新 iPod 的销售广告，每个广告的产品、建议售价与文字描述都差不多，但是广告的展示照片就有差异了——照片中除了 iPod，还可以看到拿着 iPod 的手掌与前臂，有一个版本是深肤色的手、一个是白人但有刺青的手，另一个则是白人且没有其他印记的手。结果，由深肤色的手展示产品的广告，收到的议价讯息比较少，开价也比较低，虽然这可能是喜恶相关的歧视所造成（至少是部分原因），但分析这些广告所收到的回复后，可以发现几个证据证明此差异的主因为统计性歧视。

首先，这些广告收到的回应数目与有刺青的手展示的广告差不多。多雷克及史坦推论民众对有刺青的手的歧视现象，不太可能是源自于喜恶性的歧视，这也证明大家对有刺青的手及非裔美国人的手反应相同的原因，在于统计性歧视。

第二，他们发现这种对黑人的手的歧视现象，主要影响非裔美国人口较少的地区，或是少数族群犯罪率最高的地区，这代表大家只是害怕非裔美籍人士，并非对他们有敌意。

这个案例令人大梦初醒，我“分居中”的身份在网络交友的世界里受到统计性歧视，不过我是中年白人男子的身份，依然让我享受到许多他人对我的正面假设。“分居中”让我付出代价，但是我在买车险时可以赚到不少便宜，哪一天想要把我的 iPod 或车卖掉时，也可以用不错的价钱成交。

从统计性歧视的角度来看，寻找另一半就像是：投保车险、决定是否到一个不安全的地区购物、担心自己是否遭种族歧视影响。

经济学家的重要洞见：

即使一般人对特定肤色、性别、年龄或婚姻状态的人没有敌意，还是会因为某些原因歧视这些人。购买或贩卖汽车、iPod或其他商品时，一般人会对买家或卖家抱有预设立场，这些立场与假设在经济上的效果与一般人憎恶特定种族、性别等立场，所造成的效果一模一样。

经济学家的择偶建议：

别再搞什么“分居中”了，快点办妥离婚手续吧！

PART 6

第六堂 稠密市场

要当小池塘的大鱼还是大池塘的小鱼？

大型的交友网站，配对成功的概率相对更高；市中心比偏远小镇容易买到满意的牛仔裤；郊区的医师负责的科别比都会区还要广。稠密的市场不代表竞争更激烈，你反而能在这里找到最多的机会！

有一天我做了一个小实验。我登入了交友网站 Match.com，找出所有住在距离我家十六公里以内的四十至四十五岁女性数据，最后出现了四百五十四名女性。接下来我在 Date.com 用同样的条件搜寻，得到了一百三十四名女性的信息。我究竟选择哪一个网站真的有差别吗？看起来两个网站的选择都不少。

现在我们来想想第三种可能性。我很爱打网球，如果可以遇到同样热爱网球的女孩就太棒了。所以我登入“网球约会网”（TennisDate.com），搜寻住在加州地区的四十至四十五岁女性，得出五十二名女性的资料，其中九人的居住地距离我家只要一小时以内的车程。

第三个可能性可供选择的对象比较少，但至少她们每个人都与我有一项共同的兴趣。在这个小实验中，我也假装自己是吃素的人（我不是，不过假装个几分钟也没关系——假装就够了，不用真的开始吃素），发现在“蔬食约会网”（VeggieDate.com）上头有二十二名四十至四十五岁的女性住在离我家三十二公里以内的地方。

各位可能觉得我在胡扯，可是我是说真的，这种特殊交友网站还不止以上提到这几个，大家还能找到“只要农夫网”（FarmersOnly.

com）和“多金熟男网”（Sugardaddie.com）等特殊对象网站。另外一个是“婚姻的秘密网”（marriedsecrets.com），里面包括许多替已婚男女牵线的网站，不过我完全无法接受这种做法。另外如果有人对另一种形式的“稠密”（thick）市场有兴趣，可以到“肉肉惹人爱”网站（largeandlovely.com）一探究竟。

最后，如果我不想在网络上认识女孩，想直接与对方面对面交谈，又该去哪儿找呢？我家这个地区的居民大多是高级知识分子，我家附近就有几家非常优质的书店，每一家都会举办读书会的活动，让爱书人聚在一起讨论某个作品。我承认自己从来没参加过那些读书会，所以我也不是百分之百确定究竟是哪种人会出现在这种读书会中，不过我相信大部分出席的都是女性，而且如果我参加读书会，八成会是在场唯一的男性，一次可能会认识五位同龄且单身的女性。当然，我这种想法大概有统计性歧视之嫌。

Match.com、Date.com、“网球约会网”及读书会，到底哪一个是最好的交友场所？以此案例来说，规模很重要，可挑选的女性越多，我能找到契合对象的概率也越高。四百五十四与一百三十四这两个数字乍看之下好像差别不大，我不太可能在合理的时间内与全部一百三十四名女性约会，更不用说与四百五十四名女性见面了。

不过，我在Date.com上设定了筛选条件，将有喝酒、吸烟习惯的女性剔除，也把大学以下学历及身体上有些我不喜欢条件的女性排除掉后，一百三十四这个数字便马上掉到四十八。这四十八人中有三个人表明想生小孩，所以排除，另一个人明显在身体特征上说谎，不符合我的条件，所以也排除了。接下来还有一个人错字百出，不管回答什么问题的第一句话都是“这个嘛……”，那就“抱歉再联络”了！就算是秃顶的经济学家也是有资格挑剔一下。

大家应该了解我的意思了吧？原本的一百三十四名女性当中，最多也只有十个人是我愿意写信与她接触的。根据先前经验，我猜这十个女性只有三人会回信，或许最后会有一个人愿意与我出来见个面。现在看起来，Match.com 的“市场”规模为 Date.com 的三倍这件事，就很重要了。

女性“供给”的重要性不难理解，不过书店的例子则说明了“需求”也很重要。就算我在 Match.com 或 Date.com 上把搜寻的范围缩小，我还是得面对一个问题，就是可能其他男人已经赢得我有好感的对象的芳心。但我在书店里可以独占整个市场，虽然选择比较少，但我仍是她们在整个市场里唯一的对象（至少在读书会进行时是如此）。

在大城市比较容易买到满意的牛仔裤

“规模的重要性”，便是经济学家口中所说的稠密市场效应。市场上选择越多，买家或卖家就越有机会达成最佳配对。这样讲吧，假设你想买一条牛仔裤，如果购物时间有一小时，你会选择到哪个地方挑牛仔裤——曼哈顿市中心，或是一个乡间小镇上的店？当然是到曼哈顿比较好，因为那里有很多店都卖牛仔裤，你在那儿一小时内不仅可以找到一条牛仔裤，这条牛仔裤还可以完全符合你的品位和预算。

在恋爱的世界里，稠密市场也以同样的原理运作。我在 Match.

com 上的选择是 Date.com 上的三倍。或许我在 Date.com 上可以一次就找到完美的另一半，这当然不是不可能，谁也说不准，但我在 Match.com 上能找到的最佳对象，很有可能比我在 Date.com 上找到的最佳对象还要好。

劳工市场也是规模越大越好。假设一位软件工程师正在找工作，软件工程师现在在各个地方都是炙手可热的人才，即使是经济疲软时，软件工程师通常还是能找到不错的工作机会。加州圣荷西市市区（又称硅谷）的人口与密苏里州堪萨斯市差不多，不过假设其他条件相同，一位软件工程师在硅谷找到好工作的机会，应该比住在堪萨斯市还要大——好工作指的是更符合该工程师的专长，且做起来比较愉快的工作。

这两个地区的软件公司及其他企业都需要软件工程师，但硅谷聚集了各式规模的公司，他们需要的软件工程师五花八门。堪萨斯市的工作机会与种类也不少，但多样性远远比不上硅谷。如果这个工程师只想做一般性的软件工作，也不太在乎公司规模，那在哪一个城市求职都没什么差别；但如果这位工程师想负责更专精的工作，或进入更专业的公司，硅谷比较有可能满足他的需求，有更多机会可以发展、发挥特殊的技能及兴趣。所以堪萨斯市有很多工程师，工作条件也不错——但平均而言，他们对工作的满意度略低于硅谷的工程师。

荷伊·布利克里（Hoyt Bleakley）与杰弗里·林（Jeffrey Lin）两位经济学家搜集大量人口普查数据，希望提出证据支持“稠密市场会让劳工更快乐”这个说法。他们的分析结果显示，人口稠密的都会区中，员工一般不会转换原本工作的产业或职业，换句话说，这些地区的员工一般不常变换工作类型。

两位学者假设，这是因为劳工对于自己在大规模（稠密）市场里能找到的工作比较满意。但这种情形需要一段时间发展才能成型，稠密市场中的年轻劳工变换工作的概率反而特别高，因为他们可以利用大规模市场中的大量机会“走走看看”，找寻适合的工作。一旦他们找到理想中的工作，就比较不可能离职了。

为什么在都会区约会更容易？

规模很重要，而且若其他条件都相等，规模越大的交友网站就越好，不过这个案例中的其他条件并不相等。如果我只愿与打网球或吃素的人交往，那么，即使“网球约会网”及“素食约会网”上找到的可能对象数目较少，但可能还是比Match.com所提供的对象要好。在“通才”（使用Match.com）与“专家”（使用网球与素食约会网）两种选择中，如何决定自己要成为哪一种？

如果你特别在意约会对象的某种特质，专门的交友网站会是更好的选择，不过即使是这种案例，区域市场的规模还是很重要。假设每个地区都有约5%的人吃素（大部分西方国家的平均数字），且如果这些素食者坚持自己的另一半也必须吃素，那大概每二十个对象中只有一个不会出局。

对住在曼哈顿地区的素食者而言，吃素这件事大幅限制了伴侣的选择，但应该不是无法克服的问题，因为这附近住着上百万人，在曼哈顿区一定有不少单身女性也吃素。但住在小城市的素食者可能就得妥协，不限定另一半也要吃素，或是在其他择偶条件方面得妥协。所以网球约会网和蔬食约会网，一定要在人口稠密的地方才会是较好的选择，因为这些地方才能找到够多有同样特殊兴趣的人，这点很重要。

同志会特别集中在都会区里就是一例。当然他们聚集在都会区的原因有很多，但其中一个重要原因一定是市场稠密度。同志人口的比例众说纷纭，不过自称为纯同志者的比例大约不到5%，所以同志要在一个小镇找到伴侣，一定会比异性恋遇到更多限制。

根据估计，美国约75%的异性恋情侣住在都会区里，但住在都会区中的女同志情侣比例为85%，男同志伴侣则为90%。可能也是因为同志得寻找更稠密的市场，所以在所有同志情侣中，只有三分之一是双方都在同一州出生，而在异性恋情侣中此比例超过五成。

病患不够“稠密”恐怕找不到皮肤科医师

住在人口稀少地区的人必须在网络交友时“放宽搜寻范围”，在这些地区提供服务的厂商同样也不会发展太过专精的服务。假设有两位医师，一位将诊所开在堪萨斯州的恩波里亚（Emporia，人口两万四千九百一十六人），另一位则在加州帕洛阿尔托市（Palo Alto，属于当地大型都会区的一部分，该区人口以百万计）开业。恩波里亚不缺医师，但是却没有皮肤专科医师，骨科外科医师也只有两位，想找专科医师的恩波里亚居民得开上一小时的车，到邻近的托皮卡（Topeka）或威奇托（Wichita）市求诊。

恩波里亚的市场实在太小了，无法支持一位皮肤专科医师在此开业，所以当地无法发展出皮肤科或骨科外科医师的稠密市场供居民选择。而在帕洛阿尔托市，光是我家这里的一间综合医院，就有十八位皮肤科医师与十位骨科外科医师（附近其他医院里还有更多专科医师），我跟儿子之前只要骨折或皮肤出了什么问题，医师都会根据实际病况，安排我们转诊至合适的专科医师。

恩波里亚的居民与我们帕洛阿尔托市的居民一样，都会碰上骨折或晒伤问题，但因为他们身处小规模的市场，必须仰赖非专科医师的照护，或者开车至更稠密的市场，寻求专科医疗服务。

其他市场中的专才发展也有同样情形。路易斯·咖利卡诺（Luis Garicano）与托马斯·胡拔（Thomas Hubbar）两位经济学家，搜集美国全国的法律服务市场资料，发现大规模市场中的律师及事务所专精程度较高。所以，即使恩波里亚与托皮卡市相距只有一小时的车程，大部分恩波里亚的律师所提供的服务范围会更广，与托皮卡的律师不一样。

或是从另一种角度思考，如果你住在恩波里亚，无论是被警察逮捕、想卖房或是离婚，大概都会找同一位律师处理，但在托皮卡市，每种情况都会动用不同的律师来处理。

小野友佳子（Yukako Ono）的研究也显示，市场稠密度有助各种商业活动专业化，因为在稠密的区域市场中，企业比较可能将广告或会计等工作外包出去，专精此类服务的企业在大型市场中可以存活，在小型市场中则撑不下去，所以企业只能自己负责广告或会计之类的工作。

稠密市场不一定等于竞争激烈

现在我们回到择偶的话题。我究竟该不该花时间在网络上找对象，或者应该到男人没兴趣的聚会里寻找理想的女孩？小区读书会很可能找得到聪明的女性，而且还没有人与我竞争，就算我没找到梦中情人，至少还可以与对方来一场精彩的书香对谈。

总的来说，这两个交友管道的差异应该不是特别大，至少在找到理想对象的概率上没什么差别。竞争者（其他男人）会在单身女性出现的不同场所间不断移动（实体与虚拟场所都是），直到每个交友管道的成功率都一样时才会停止。

与其用找对象的例子来思考，不如换成开店的情境，想想要去哪里找客人。大家当然都想把店开在顾客所在的地方，就跟消费者会选择到曼哈顿买牛仔裤一样，大家应该会比较想在曼哈顿市中心开店，而不会选择偏远小镇。如果这是当地的第一家店，那这个说法完全没错，但若假设所有的商店都可以随时开关，只要觉得有利可图就开店、一旦亏损便立刻歇业，那么就会看到每家店不断开张、歇业、再搬到其他地方，直到每个地方的获利率都差不多为止。

举例来说，假设你在20世纪80年代时想开一家灯具店，该如何选择开店地点？当时曼哈顿下城的柏威里街（Bowery）附近有一个灯具区，我还记得当年路经那一区时感觉特别惊叹，每一家店都挂满各种灯具产品，需要购买电灯的人都知道那里是个灯具的稠密市场，一定会造访那个区域。

所以，想要开灯具店的人就必须决定，是要在这个竞争激烈但规模大的市场开业，还是要到曼哈顿上西城之类的地方找间店面，成为当地好几个街区中的唯一一家灯具店？或者这样比喻：这位准老板必须决定成为小池塘里的大鱼，还是大池塘里的小鱼。随着时间过去，许多灯具店开开关关，即使灯具区还是有许多灯具店聚集，但曼哈顿各区的灯具店获利率应该都没有差别了，因为另一个灯具稠密市场的兴起，如今旧灯具区市场的稠密度已遭到大幅稀释。

过去灯具区是大家在短时间内，找到各种不同灯具所选择的最方便的途径，但现在只要待在家里上网就可以办到同样的事。因为其他势力兴起，灯具区的灯具店数量在十五年间关掉了一半。

虽然我手上没有实际的数据可以佐证，但我认为灯具区的故事同样也可说明，网络交友对专做单身男女生意的酒吧有多大冲击。因为单身男女的稠密市场转到网络上头，部分酒吧应该开始感受到压力了。

冰激淋小贩该在人行道的哪里摆摊？

我喜欢用网络交友的例子来说明经济学原理，不过在 1929 年时，斯坦福大学数学家哈洛德·霍特林（Harold Hotelling）就没办法以网络交友为例，来说明竞争的理论了。当年霍特林决定跨界到经济学的领域，以各种假设情境下的开店决策，来探讨竞争的原理。

在一篇以竞争为主题的经典论文中，霍特林将场景设定为海滩边的一条人行道上。一位冰激淋摊车老板希望在这个地方做生意，必须决定该在这条笔直人行道上的哪一点摆摊。假设整条人行道上的行人平均分布，且每位想买冰激淋的人都会到距离最近的摊车购买，当整条人行道上只有一台摊车时，地点根本不重要，人行道上的所有顾客都会聚集到这台摊车来买。

那如果总共有两台摊车呢？大家可能会认为，这两台摊车应该会各自停在人行道的头尾，划出两个市场范围，如果真是这样，那这两个小贩都会有诱因将自己的车再往中间移一点，因为如此就能多分到一些靠近人行道中段的市场，同时又能保留原本所在这一端的市场。

事实上，两台摊车比邻而设、同时开设在人行道的正中心，才是真正能让两个小贩都没有诱因再移动的状态（或是经济学里所说的“平衡”），这对小贩来说没什么问题，因为两人还是各自享有一块市场，但对消费者就不利了，因为小贩必须散开一点，消费者才能节省移动找寻小贩的时间。

要是此时出现了第三个冰激淋摊，这就天下大乱了；当小贩数目变成三或三个以上时，这些小贩永远都无法找到一个大家都开心的开店位置，至少有一摊会持续移动，想办法获得更多顾客。

冰激淋小贩推着车在人行道上不断跑来跑去的画面想起来是很好笑，但对在网络上或实体世界里互相寻觅的男女来说，这可是恐怖的噩梦。参加读书会的女性越来越多，就会引来更多男人加入读书会，但读书会里的男人变得太多时，就会有人退出战场，转向单身男女常去的酒吧，如此不断循环。每个人都在寻找最稠密的市场，在此过程中也不断影响该市场的稠密度。

地毯工厂选择的不是顾客稠密而是资源稠密

幸好大部分的商家没办法像冰激淋摊车一样那么容易移动，否则消费者也得浪费时间到处找小贩了。大部分的企业都会待在一开始选定的地点，希望自己没有选错地方，消费者可以顺利找上他们，不过企业也不一定会在消费者的附近落脚，实际上有不少公司都选择执行采购的市场扎根，而不是待在贩卖产品的地点。

这是为什么？以三种大家可能会造访的制造厂为例——碳黑粉、酿酒和地毯制造厂。碳黑粉是一种很重要的原料，虽然我不懂其运作原理，不过这是橡胶及塑料原料的强化剂与染色剂。举例来说，轮胎及激光打印机里都有许多碳黑粉的踪迹。大家常常使用以碳黑粉制造的产品，只是自己不知，那么碳黑粉的制造商应该在哪里开业呢？

大家可能以为应该要开在轮胎厂或其他碳黑粉大户的附近，不过碳黑粉的主要制造原料为天然气，且大部分的天然气在制造过程中都会燃烧殆尽，所以比较合理的选择，是将碳黑粉厂开在天然气来源的附近，再将成品运送到客户手中，这也是为何多数碳黑粉制造商都集中在德克萨斯州，如此才能确保制造商进入主要原料的稠密市场，并使运输成本降到最低。

而酒这项产品则是到处都可以生产，只要购买葡萄枝、栽种葡萄、盖一座蒸馏厂即可。事实上，美国五十个州都有酒的生产基地，我上次与大学同学回到佛蒙特州（Vermont）的母校聚会时，还发现从那个偏远的校区到最近的机场路上，也有不少家酿酒厂。

酿酒这件事没什么地理限制，不过专家都同意，在温带干燥气候里生长的葡萄，才能酿出最好喝的酒，可惜我不是专家，我根本分不出三百美元的酒跟木桐·罗基德堡的名酒差在哪里。所以你可以在佛蒙特州买酒，只是那质量实在不怎么样。

加州的气候比较适合栽种酿酒的葡萄，所以美国国内的酒大约有90%出自加州。以这个案例来说，市场稠密度与公司营业地点没什么关系。

碳黑粉厂与酒庄都可根据天然的原因决定开业地点，那地毯制造商呢？如果你跟其他地毯制造商一样，最后一定会在佐治亚州的多尔顿市（Dalton）落脚，这里是“世界地毯之都”。地毯完成后的运输成本很低，而且地毯通路四通八达，制造商不需要太靠近买家（而且买家也散布在各个有人居住的地方）。不过地毯制造商需要纺纱和精制的人才——至少在过去有这种需求——这些人才通常是个体户，而且也只有在多尔顿市才找得到。

但多尔顿市这个地毯王国的崛起，与德州的碳黑粉或加州的酿酒产业群集不一样，并不是因为天然的原因所促成，而是历史的偶然所致。1900年前后，凯瑟琳·埃文斯·惠特纳女士（Catherine Evans Whitener）制造出一种簇绒床单，基本上就是一种松软的毯子，这是当时前所未见的产品。她开始贩卖这种床单，事业非常成功，恰巧到了20世纪50年代左右，惠特纳制作这种床单所运用的工艺，成为现代地毯制作上的最佳实践，所以当地毯需求量开始飞涨后，多尔顿市的床单制造商便有绝佳优势、趁势而行。

他们手上有一大群制造松软被毯的员工，可以随时转去制造地毯，还有许多纺纱与精制的人才，同样能随时改而制造其他商品。换句话说，因为多尔顿是地毯制造商所需资源的稠密市场，所以制造商才选择在此地设厂。

此偶然的历史因缘，让地毯制造商纷纷集中在多尔顿市，但这并不是单一特例，有很多企业跟碳黑粉厂或酒庄一样，可以透过自然的原因决定该在哪里设厂，不过产业聚集很多时候也是因为过去的制造商先在某地设厂，让当地成为劳力与生产投入的稠密市场所致。

底特律曾经有好一阵子是美国的汽车工业中枢，原因在于亨利·福特一开始是在此地设厂，福特选择底特律的原因与地毯商选择多尔顿的理由一样，多尔顿的地毯商想利用床单供货商的优势，而福特则是看中底特律当时有许多马车供货商的优点。

硅谷变身科技重镇的故事也是类似的例子，因为斯坦福大学一直以来都很重视工程学科，所以为高科技公司的关键生产要素——技术人才，创造了稳定的稠密市场。

当市场变得稀薄肠胃科医生将找不到理想的医院

希望看到这里，我已经说服各位相信稠密市场可以促成更好的配对结果，让购物更方便，不只是寻爱的人希望找到有许多可能对象的稠密市场（Match.com）与没有竞争的环境（读书会），企业也希望找到一个充满卖家与买家的稠密市场（碳黑粉制造商找到天然气的开采地，或是灯具店找到柏威里街）。但除此之外，企业也希望与其交易的对象，相信自己是整个城里唯一的一家店——换句话说，企业希望能独占市场，有很多顾客与供货商可以与自己做买卖。

个人与企业都有诱因去寻找没有竞争的市场，但此种诱因常造成整个市场过度稀薄的问题出现。假设有一家医院正在招募一位肠胃科医生，但是找一位肠胃科医生并不容易，全美医院新聘的肠胃科医生每年约三百人，大部分都是刚结束住院医师训练，刚踏出真正的医师生涯第一步。假设有一家店里“搜集”并“展售”所有在找工作的肠胃科医师，医院及肠胃科医师可以在此碰头，找到最佳配对组合，这家店就等于是肠胃科医师及医院的交友网站。

现在我们再假设有一家医院（XX综合医院），工作条件还不错，但不是最好的，也不是肠胃科医师的第一志愿。不过这家医院找到机会抢先一步——在优秀肠胃科医师在店里“上架”前，先找到他们。比如说，或许XX综合医院肠胃科主任的朋友告诉他，手下有一位叫作亚当的肠胃科住院医师非常优秀，住院医师训练也快结束了，那么这家医院可能会去找亚当，并且跟他说：“我们希望你可以加入我们的团队。如果你立刻答应，马上就能获得一个好工作，不需要再花时间到店里‘上架’了。不过你今天一定要决定，如果你不接受我们的提议，那到了店里时，我们也不会再出手‘买’下你。”这家医院运用了一种劳工市场中常见的技巧，以“逾期不候”的方式，逼迫求职者短期内做决定（exploding offer）。

雇主的这种提议，对亚当来说自然有吸引力，因为他知道若是到了店里，自己不一定还有如此好运，所以他可能会接受这个工作，再也没有机会看到店里买家的稠密市场。这个决策或许没什么问题，不过他或许无意中也放弃了一个更好的选择。

跳过公开店面有两个问题。第一，肠胃科医师的“买家”与“卖家”都只看到一部分的选项，所以无法产生最理想的配对结果。有些十分优秀的肠胃科医师进入不适合的医院，根本没办法善用他们的能力。

第二，市场可能开始崩解。假设XX综合医院肠胃科主任那位盛赞亚当的朋友，也认识列克星敦医院（Lexington Hospital）的肠胃科主任，列克星敦医院的主任会想：“我们明年需要一位肠胃科医生，我应该要尽早开始找人。如果等到商店开张才找，优秀的医师早就已经一个不剩了，而且每个人都知道这种情形，所以大家都会提早行动，我千万不要落后了。”

很快地，亚当一成为住院医师后，大概就会开始接到许多潜在雇主的电话，而且每通电话都坚持要他立即决定接下工作，否则就要去找别人。此种压力会让年轻的肠胃科医师太早做决定，给予自己没有能力保证的承诺。另外，医院等不及透过住院医师这几年的时间观察候选人的潜力，太早决定聘雇人选，也会加剧不理想配对的情形。

这种混乱情景十分常见。而且肠胃科这个例子也不是随便讲讲——经济学家埃尔·罗斯（Al Roth）当初在设计提升市场配对效率的系统时，其中一个目标就是解决肠胃科医师市场的配对难题。

罗斯的方法协助肠胃科医师找到合适的医院、法官找到合适的助理、需要肾脏移植的病患找到适合的捐赠者……，也替他赢得 2012 年的诺贝尔经济学奖。

罗斯与缪里尔·尼德尔勒（Muriel Niederle）合作，推出肠胃科医师与医院的配对系统，促成所有医院设立一个“肠胃科需求清算中心”，基本上便是成立一家肠胃科医师展售店，并禁止任何医师与医院在店以外私下交易。从 1986 至 1996 年间，这家展售店营运良好，对肠胃科医师来说，市场效率大幅提升，医师能在市场中自由流动，市场也很理性，让大家可以晚一点做决策。

可惜在 1996 年时，市场上的新进肠胃科医师数目不足，市场也不幸崩溃了。各家医院一夕之间不再愿意耐心等待展售店开张，原本健康的大规模稠密市场，变成了一个没有秩序的稀薄市场，对每个人都没有好处。这就好像交友市场中的单身女性有一天突然变少，不够所有单身男性配对，所以有一群男人开始在第一次约会时就求婚，跟对方说：“如果你现在说我愿意，我们就结婚，如果不马上点头，我就再也不跟你约会！”

稀薄市场的怪现状：要就马上，不要拉倒

有些市场遇上同样的混乱情形，也有些市场因为制度设计而免于这种混乱失序，确保大家做出更好的决策。举例来说，当劳工市场竞争加温时，许多公司很难找到顶尖法律或 MBA 研究所的毕业生，便

难以成功招聘心中理想的员工。只要有机会，公司便会在学生入学第一天端出那种“逾时不候”的工作机会，要学生接受。学校大多会保护学生不受这种做法影响，限制企业必须在特定时节才能开始到校园求才，让大部分学生有更多、长远来看也更好的选择。不想惹毛学校的企业，基本上都会遵守这些规则。

美国的上诉法院法官助理市场，却非常抗拒稠密化的做法，继续用这种混乱的秩序运转。埃尔·罗斯与几位学者也一同深入研究这个现象，提出许多有创意的解决方案，其中一个建议是随机取消一些助理的录取通知，因为有些助理可能收到通知后还没拒绝，所以法官可以先取消已发给某些助理的录取通知，避免法官日后收到拒绝而起的情绪波动。但虽然这个市场已经实行罗斯与其同侪的部分建议，市场仍然颇为僵固——学生通常在法律系第二年时，便获得上诉法院法官助理的工作，等于在正式上工前两年就要确定是否接受。

罗斯与同事的研究搜集到一个故事，是其中一位调查对象的经历，彻底展现出法官助理这个市场的问题（以及莫名之处）。这位受访助理说：“当时我正在飞机上，准备去参加第二场面试，那个法官就在手机的语音信箱留言通知我被录取了。那个法官总共留了三通讯息，第一通讯息说我被录取了，第二通要我尽快回复，第三通他又取消了录取通知。那一趟的飞行时间也才三十五分钟而已。”

另外一位受访者说：“（某法官的）一位助理还骂我‘时间上毫无弹性’，同校的其他同学都很愿意提前面试。我心里很挣扎，我觉得我好像得选择欺骗别人，或是可能找不到助理的工作。”看来律师确实就是无法遵守承诺，也没办法为了公众利益合作的人。

不过至少就本章的目的来说，这个案例的关键是，大部分的法官似乎知道自己在稠密市场里争取不到好助理，所以他们及早行动，其他人也觉得自己得更早行动，所以市场很快就变得稀薄又失序。基于同样的精神，下次读书会我一定要提早几个小时到才行！

以稠密市场的角度来看，寻找另一半就像是：决定购物地点、决定要成为哪种医师或律师、挑一盏灯。

经济学家的重要洞见：

大规模市场才能促成定制化服务。在大城市里，特殊产品、医师及律师的数目才会比较多，也会更专业。大型都会区的居民在工作上有更多选择，所以在年轻时会常常转换跑道，但年纪较长后，则会长期待在某一个工作岗位上。

经济学家的择偶建议：

如果你希望找个终生吃素的伴侣，搬到大城市里吧！

PART 7

第七堂 逆向选择

为什么再好的产品却只值得劣级品的身价？

当社会认为没有魅力的人才会上网交友，就真的会让好对象纷纷撤出交友网站；当七成新和三成新的旧车价格相差无几，就只有三成新的车会留在市场上；然而在劣币驱逐良币的世界里，还是可以靠着经济诱因，让好的商品回心转意……

2003年11月，珍妮弗·伊根(Jennifer Egan)在《纽约时报杂志》(New York Times Magazine)的封面故事中，描述网络交友的网站与活动增长快速，在她撰文前三年间，这些网站与网络交友的花费已增长六倍。伊根撰述这篇报道时，网络交友确实快速成长，但仍是一个新颖的概念，并不是所有人都很熟悉这种交友方式。

伊根写道："不少人仍然会替网络交友贴卷标，例如有人认为只有绝望又没人要的人，会选择网络这个危险的避风港，另外也有人认为网络是自我推销的人专用的商场。前面这种标签已经越来越不流行，后面这种标签相对没那么严厉，但也不是什么好话。"

只有最失败的人才会寻求婚友服务的这种想法由来已久——至少在人类第一个网络交友服务问世时，就可以清楚看到此种想法的影响。这套创新的服务于20世纪60年代早期出现，当时的广告便直接攻击上述的失败者迷思，提到"有些人认为只有失败者才会使用网络交友服务"，接着一一列举其中一位客户的所有迷人特质与风采。

为何付费婚友服务会遭受此种污名与标签？假设我们将想找寻爱情的男女分为两组，一组人人想要、另一组没有人要。人人想要组的成员透过一般的方法，通常就能找到另一半，例如在职场、学校认识对象，或是透过朋友介绍牵线。但没有人要组没办法透过这些方法找到伴侣，因为他们每天见到的人都不受他们吸引，不会与他们交往，也不会主动将他们介绍给其他朋友。如果没有人要组的成员清楚知道自己没人想要，在他们与他人第一次见面时，自己“没有人要”这件事就是一个隐藏信息。在第二章中出场的罗杰就很清楚自己不是很有魅力，也没有理由大肆张扬这件事。

网络交友的污名标签就是源自于这个隐藏信息。若人人想要的人可以透过传统的方法找到伴侣，那一定只有没人想要的人才会上网交友，在线交友这件事泄漏了这个人属于哪一组。更极端地说，任何一个认为自己还算有点魅力的人，都绝对不会上网交友。网络交友市场基本上会崩溃，而人人想要的人还是会继续用传统的方式找到另一半。

信息不对等让二手车市场只剩下烂车

隐藏信息衍生的问题，不是爱情世界的专利。隐藏信息所造成的问题，便是经济学当中所说的“逆向选择”。乔治·阿克洛夫（George Akerlof）是最早研究这个议题的学者之一，这方面的研究贡献也获得诺贝尔经济学奖肯定。阿克洛夫提出的重要洞见在于，隐藏信息会导致市场上只剩下次等货品。他的研究以汽车为主题，把二手车分为两类：柠檬类的车有很多问题，得常进厂维修；而李子类的车则可以上路运行无碍。

二手车的买家当然会愿意多付点钱买李子类的车，柠檬类的车价钱就比较低。但假设这个世界非常黑暗，二手车的卖家很清楚哪些车是柠檬、哪些是李子，但买家却无法辨别两者有什么不同。卖家知道买家无法分辨车的质量，所以所有二手车的定价都会一样。

在这个市场里，李子车的车主不会愿意放弃手中车况优良的车，因为市场上的二手车价格都一样，很可能代表里面有很多柠檬。于是大家对于二手车市场的噩梦最后真的完全应验——市场上只剩下柠檬，因为李子的车主不愿意以市场价卖掉自己的车。

这就是逆向选择的核心——如果卖家握有隐藏信息，他们就只会贩卖较劣质的商品。很遗憾，让柠檬充斥二手车市场的这股推力，同样也让婚友服务充满许多独行侠或失败者类型的顾客。

或者换个角度来想，大家会替二手车市场上的车贴标签，认为它一定不是李子才会被卖掉，同样地，那些没办法透过标准交友管道找到伴侣的人，也会被贴上一定的标签。在这两个案例中，商品卖家（商品可能是二手车，或是正在找寻伴侣的人）选择的贩卖方式，便透露了该商品质量的隐藏信息。

为何李子总是被当成柠檬

幸好，网络交友的污名随着时间已经渐渐消散。虽然一开始大家认为只有绝望的人才会上网交友，也有人开始发现交友网站提供大量可能的对象可以选择，体会到前面已经讨论过的许多优点。心理学界最近的研究结果显示，网络交友已经成为主流，残存的社会污名也快速消失，所以我上网交友时就不需要担心逆向选择的问题了。真的是如此吗？

交友网站或许已经摆脱过去的标签，不过我的问题不只这个。我已经快五十岁了，单身。这些讯息代表什么意思？你或许会认为这代表我没办法维持婚姻，或是从来没有发展过什么长期关系，所以我就是逆向选择的结果。这个案例的隐藏信息是我没办法维持长期关系。虽然我很想隐藏这个事实，但我回到交友市场的作为却透露了这个事实。

有两件事可以弥补此种逆向选择。

第一，到我这个年纪还没找到终身伴侣，可能是其他原因所致，而且这些可能原因都很合理，不见得代表我们无法维持终生的关系。而且，过去这段岁月不只网络交友的卷标已渐渐脱落，离婚与晚婚的负面标签也有所动摇。大家可以认为年轻时或许做了不理想的选择，但会随着时间过去产生其他想法。

第二，虽然年纪较长且单身这件事可能透露某些负面讯息，但我想寻找的女性也同样具有此项特质。

很遗憾，在求职市场上演的逆向选择更为棘手。潜在雇主可能对某人失业的状态有很多诠释，因此造成失业者找工作有难度。许多求才广告会清楚标明，不欢迎失业超过一段时间以上的人丢履历（或标注在职者优）。一位猎头公司干部向《纽约时报》表示，他的客户“以有薪工作的人为寻才对象，因为他们能立刻上手”。一位失业六个月的女性则说：“我觉得好像整个社会都不想靠近我。”一位猎人头公司主管告诉她，虽然她的专业令人激赏，但失业这件事让她“很难推销出去”。许多经济学研究也显示，待业者失业的时间越长，找到新工作的难度就越高。个中原因或许不只有失业带来的污名，但上述的例子（还有许多类似的案例）证明，雇主认为这些人找不到工作是有原因的。失业就与单身一样，会不断自我强化——雇主发现，一个人失业代表前面的其他雇主纷纷淘汰掉他，这或许透露他的技能有问题。

罗伯特·吉本斯（Robert Gibbons）及劳伦斯·卡茨（Lawrence Katz）两位经济学家则有另一种有趣的看法，解释劳动市场中的逆向选择现象。他们两人在研究中将失业者分为两种类型——前雇主的工厂歇业、或是前雇主的工厂缩减规模，但仍继续营业。他们认为，因为工厂歇业而失业的员工应该不会受到污名化的影响，他们只是在错误的时间出现在错误的地点，除非这些人是歇业工厂的老板，否则没理由认为他们工作表现不佳。

而他们也预期，因工厂减肥遭到资遣的员工会受到污名化影响，因为他们的前雇主留住其他员工，却将他们开除了。企业挑选出需要删减掉的人，等于是在宣布“这些员工对我来说不重要”，所以这个决策让市场窥见一些隐藏信息。

吉本斯及卡茨的研究确实找到逆向选择的证据——与工厂歇业的失业工人相比，遭资遣员工的待业时间更久，新工作的薪水也较低。劳动市场似乎将资遣视为前雇主所握有的一项负面信息，使得遭资遣员工得背负着这个污名，直到能在他处证明自己后才能摆脱。

从另一个角度思考，大家也会认为需要婚友服务的人可能是被抛弃，而被抛弃的背后一定有原因，同样地，大家也会认为被公司资遣的人一定是有什么原因，才会有这种下场。

逆向选择：最不健康的人才想要买保险

大家都不想在交友网站上选到柠檬，企业也不希望招聘来一个柠檬员工。除此之外，公司在选择顾客时也不希望挑到柠檬（或不希望被柠檬顾客给看上）。

什么样的消费者属于柠檬呢？有些顾客的服务成本比他人来得高，这问题通常不大——企业可以透过价格处理成本差异的情形，但若企业无法判定哪种顾客的服务成本比较高，那就只能所有顾客统一定价了。而当服务成本最高昂的顾客，同时也是最想要该企业产品的族群时，便会导致逆向选择的现象。

商品市场中的逆向选择现象，在美国的健保公共政策辩论中扮演了重要角色。不只是美国，世界其他国家这几十年来，也都出现类似的健保政策争议。以我认识的几个朋友为蓝本，简单举个例子好了。

卡勒敦与道格拉斯两人都已四十岁了，身材不错，体检的结果在保险公司眼中看来，应该也是十分健康的代表。但是道格拉斯是疑病症患者（hypochondriac），而且保险公司不知道他的家族有心脏病病史。保险公司以卡勒敦及道格拉斯的体检结果判断，以一位如此健康的四十岁男性而言，公司一年需支付的医疗费用约一万美元。而保险公司也需要获利，所以保费会比这个数字稍微高一点。

但大家再来想想卡勒敦的处境。他比道格拉斯健康，也不会常常怀疑自己有病，所以他知道自己每年的医疗支出只有五千美元上下，如果卡勒敦购买医疗保险，他大概可以不用再担心发生严重问题时该怎么办，但平均来说，他也白白浪费了五千美元。另一方面，道格拉斯自知他会花很多时间上诊所、要求医生做各种检查，所以他一年的医疗花费至少要一万五千美元。相比之下，一万美元的保险金实在很便宜。

这会让保险公司处于十分困难的情况——健康的人觉得没有购买医疗险的理由，而身体不好的人则让公司赚不到钱。换句话说，公司成了逆向选择的受害者，保险公司不得不把保费提高到一万五千美元，结果只有身体非常差的人会愿意付这么高的保费。所以信息隐藏不仅会让没人要的人跑去网络交友，或是害得二手车市只有烂车可挑，还会让保险公司只能把医疗险卖给最不健康的一群人。

美国与其他国家在讨论健保相关政策时，最近都将焦点放在强制纳保的必要性上——必须要求每个人都购买医疗险。2012 年时，美国最高法院审理健保强制纳保规定是否违宪，以非常小的差距通过合宪的判决。其他先进国家也透过强制纳保或全国保险制度的做法，解决医疗险的这种逆向选择问题，加拿大、英国、瑞士、荷兰、澳大利亚、日本等国家都不例外。

想钓大鱼反而先吃大亏的美国航空

现在已经有许多研究，深入探讨医疗保健市场的逆向选择问题，但其他产业的企业则可能因为功课做得不够，而成为逆向选择的受害者。接下来要举的例子让我特别有感觉，因为我除了努力找寻人生的另一半以外，也非常厚脸皮地不断努力推升自己的飞行常客等级。找到一个很棒的女人对我说她爱我，是我现在人生最重要的目标，不过获得联合航空“一千英里级会员”这个任务的重要性也紧追在后。

乔治克隆尼在《型男飞行日志》(Up in The Air)所饰演的莱恩·宾汉（Ryan Bingham），达到美国航空一千万英里的等级，航空公司提供他各式尊荣待遇与福利，奖励这位忠实顾客。像宾汉这种人是真实存在在这世界上的。众航空公司都会将取悦他们视为优先要务之一，以免失去这些忠实客户。

1981年时，美国航空推出“A级飞行卡”（AAirpass，我是说真的，不是电影情节），顾客可以二十五万美元的价格购买这张卡，终生都可以搭乘美国航空公司的头等舱四处遨游。购买副卡只需再付十五万美元，副卡持有人也可与正卡会员搭乘同一班机的头等舱。这个价格可不便宜。我常常搭飞机，不过要累积到二十五万美元的机票钱，大概得花上好一段时间才有可能。但对现实世界里如莱恩·宾汉这群人来说，机票钱很容易就超过二十万，所以虽然大部分的人不会去买这张A级飞行卡，但莱恩·宾汉这种人会买单，而且还能因此省下大钱。

鲍伯·克兰德尔（Bob Crandall）曾任美国航空执行官，在A级飞行卡制度施行期间，他就是公司的领导者。他承认："我们原本以为企业会替公司高层购买这张卡，但我们很快发现，一般民众比我们还要聪明。"

这就是隐藏信息！别忘了，隐藏信息会导致逆向选择。有些A级飞行卡持卡人的飞行次数实在非常频繁，光是一个月就累积十二万五千美元的机票钱。美国航空上了痛苦的一课，开始渐渐调升A级飞行卡的价格，一张卡要价超过一百万美元，最后干脆直接取消这个制度。美国航空最近也在调查部分A级飞行卡持卡人是否有不当使用的情形，若能证明持卡人诈欺，就有借口取消所有先前承诺的义务。

信用卡公司靠逆向选择挖到金矿

对于放款的公司来说，顾客端的逆向选择，同样会使公司付出高昂成本。银行与信用卡公司可以运用客户的信用评级及财务信息等，判断每个客户的信用风险，但我们也知道信用卡及车贷仍然有5%的呆账率，可见个人信用的评估过程并不完美。

美国的"第一资本金融公司"（Capital One Financial）是家大型信用卡公司，但它的成功却是从逆向选择开始，而且是善用逆向选择来帮助自己的例子。1988年，公司创始人理查德·费尔班克（Richard Fairbank）说服一家小型地区性银行与他携手合作，推出实验性的信用卡业务。美国当时各家信用卡对于逾期账款的利息都差不多，每张卡的年费也都大同小异。费尔班克相信他可以找出一套吸引顾客的新方法，针对高风险新用户制定更高的利息，而比较安全的顾客则降低利息，如此可以获取更高的利润。

这个做法一开始没有成功，虽然第一资本努力推销他们信用卡的特殊之处，像是前期优惠利率这样的促销，但他们吸引到的都是不怎么样的顾客——账单总是一次缴清（所以利润不高），或是连一毛钱都缴不出来。

眼看第一资本就要倒闭了，此时，费尔班克的另一个实验性做法，却挖到了逆向选择的金矿。费尔班克所发明的这种方法，基本上就像是创造了一个新的交友网站，把 Match.com 上所有好的对象全部移到新的网站上，而把不怎么样的货色留在 Match.com 上。

第一资本推出一个新制度，只要新顾客把另一家发卡银行的逾期账款移转到第一资本来，就可享有极低的利息。也就是说，第一资本会先帮你把钱付给原发卡银行，现在你剩余的逾期账款必须缴给第一资本，不过可以享受较低的还款利息。移转逾期账款债权第一年，这个优惠利率最低可能是零，不然就是很低的数字，一年过后才会恢复市场利率。现在这种移转债权的做法，已经是每家信用卡公司的标准服务了，不过在 1988 年时可是前所未见的创举！

大家必须知道，在信用卡产业里，利润最丰的顾客便是有逾期账款，但不会完全不缴款的人。移转逾期账款这个服务吸引了许多具备上述特质的顾客，至少在 1988 年是如此，因为没有逾期账款的客户根本没有东西好移转，而根本不想还款的顾客，也不会为了更低的利息，特地去移转逾期账款的债权。所以每个月都一次性缴清账单以及很有可能还不出钱的顾客，都不会觉得第一资本的移转服务有吸引力，不过这些顾客对银行来说无利可图，而其他银行也因为逆向选择，只剩下这些无利可图的客户。

逾期账款转移服务让第一资本一飞冲天，自此之后该公司也不断推出创新的信用卡营销手法，奠定今日的成功基础。不过第一资本今日的成功，已经不是仰赖逾期账款转移的贡献了，因为只要其他信用卡公司也开始提供这种服务，这个服务的获利能力便下降了。

随着时间演进（而且很意外地花了很久的时间），其他信用卡公司也起而仿效，最后即使是信用记录普通的信用卡申请人，也都有好多个移转逾期账款方案可以选择。而且最后情势大反转，移转逾期账款的做法让提供此项服务的银行受到逆向选择的伤害，因为精打细算的信用卡客户可以每年都将逾期账款移转到另一家银行去，永远不用付利息，所以他们基本上是从这些允许移转逾期账款的银行身上，取得了无息贷款。

吃到饱餐厅会吸引特定种类的食客

大家是否去过吃到饱餐厅？有没有特别注意身边其他客人的特色？在吃到饱餐厅里，每个人付的价格都一样，所以根据逆向选择原理，会到这种餐厅吃饭的人一定是一群特定的人，不是整个人口的随机分布。委婉一点说，这些人很可能“地心引力比较强”，或者用网络交友世界的词来说，他们的身材会比较“丰腴”。因为吃到饱餐厅的价格一视同仁，所以只有胃口大的人才能值回票价，而胃口大这一点也通常反映在食客的身材上。

不过大家在吃到饱餐厅里会大吃有两个原因，第一个就是我刚才说的逆向选择——餐厅的顾客握有自身胃口的隐藏信息，而他们判断吃到饱餐厅是否划算的这个决策，便会透露这个隐藏信息。第二个原因，则是经济学家口中的道德风险。

这是经济学里的重要观念，我指的不是隐藏信息，而是隐藏的行动。道德风险听起来很难，基本上就是在说人会根据诱因行动。吃到饱餐厅里的顾客通常比其他餐厅的顾客更为圆润，不过他们还有另一个特质——在吃到饱餐厅里吃得比在其他餐厅里多。

在吃到饱餐厅里，只要东西好吃，就没有停下来的理由，因为再拿一份鸡肉、色拉或甜点也不用多花一毛钱，所以在饱到不行之前，你会一直拿菜继续吃。在一般餐厅里加点菜色时，一定会先想想这道菜值不值得多花钱，因为继续吃会花钱，所以就有早点放下筷子的动机。

道德风险是很普遍的问题，常常与逆向选择同时出现。道德风险与逆向选择的共同效应，便是经济学家所称的“代理人问题”（agency problem）——也就是经济上的代理人，可能会做出影响其他行为的问题。这里我要稍微岔题，解释道德风险为何，以及道德风险与逆向选择的比较。不过本书并没有另辟章节讨论道德风险，不是因为道德风险不值得专章处理，而是因为网络交友世界里实在没有太多道德风险，所以虽然这是个重要的经济学观念，却不太符合我所设定的主题。

改变给薪制才能留住最优秀的玻璃维修员

我们无法在交友网站上避免逆向选择的情形，但有些企业已经发现钱可以解决劳工市场上的逆向选择问题。如果你有挡风玻璃破裂的经验，大概就已经见证过此解决方法的效果，只是自己不知道而已。在美国，挡风玻璃破裂的车主常常会拨电话到“Safelite 汽车玻璃公司”（Safelite Auto Glass）求救——这家公司旗下有许多汽车玻璃维修工，会开着卡车到家提供修缮服务。

Safelite 过去一直经营得还可以，但管理高层相信还有进步的空间。公司旗下的玻璃维修员领的是时薪。虽然怠惰失职可能遭到开除处分，但员工也没有善用时间的诱因。公司后来决定采用业绩给薪，维修员每维修一块玻璃的薪水大约为十美元（这个价格只要比时薪高即可）。同时也设计一套机制，确保维修员不会为了提升业绩而马虎了事。

我的同事爱德华·拉齐尔（Edward Lazear）分析 Safelite 公司实行新的支薪制度前后的生产力变化。刚好这个给薪办法在各地区的上路时间不同，所以拉齐尔可以有效控制其他因素，观察同一位维修员在给薪制度改变前后的工作表现。

研究结果显示，Safelite 将薪资由时薪制改为业绩制后，生产力提升了 40%，增加的生产力有一半来自维修员本身生产力的提升，超越旧制时的表现。换句话说，这个诱因十分有效，一般维修员都能因此增加 20% 的生产力。此增长代表 Safelite 公司实行时薪制时，其实深受严重的道德危机或隐藏行为所扰，维修员不会拿出最高的效率来完成工作。

不过仔细分析数据后也能发现，生产力增加的原因不单单只是诱因提升员工的工作投入，另外还有一半来自逆向选择的修正。业绩给薪制代表技术好的维修员，薪资比动作慢的维修员要高，所以改换新制后，技高一等的维修员会觉得这个工作很棒，对手艺不佳的维修员则没什么吸引力。总体来说，就会有更多出色的维修员想到 Safelite 工作，手艺平平的维修员则会离开这家公司，选择其他步调较慢的厂商。新的给薪制度迫使潜在的玻璃维修员透露自己的个人信息，例如能力、工作伦理及整体生产力等信息。

业绩给薪制与吃到饱餐厅这两个案例，都清楚说明道德风险与逆向选择如何共同发挥效应。这里再与大家分享另一个例子，解释这两种势力共同发酵的情形，也是我个人最喜欢的例子——富豪汽车的车主。

购买沃尔沃汽车可能暗示了某种驾驶习惯

一提到沃尔沃汽车（Volvo），大家大概马上会联想到好妈妈，和住在郊区的有钱人家庭，他们特别重视安全。沃尔沃汽车一直是汽车界安全的代名词，所以车主也通常是特别重视安全性的家庭。

但沃尔沃汽车还会吸引到另一群买家——驾驶习惯特差的人。如果你知道自己是不安全的驾驶员，比其他人容易出车祸，你会选择哪一种车呢？悍马车（Hummer）或许还不错，但沃尔沃是更好的选择。在某些地方，“沃尔沃汽车车主”一词算是骂人的话，网络上的“城市俚语辞典”（Urban Dictionary）也将这个词定义为：“不擅开车的人，所以选择大家认为超级安全的车。这类车主在快车道上慢行，而且变换车道时，其他车主还必须闪避并紧急刹车，以避免碰撞。”知道自己是危险驾驶的人会选择购买沃尔沃以保护自己，也透过这个选择透露了他人不知的这个个人信息。

买了沃尔沃车之后，他们可能会觉得，这样就更有余裕在路上大胆冒险了。这一点，便是沃尔沃车车主会出现的道德风险或隐藏行为。网络上一位博主精准描述了此现象：“就算是最模范的驾驶员，一旦坐进沃尔沃车后也会崩坏！”

不知道为什么，澳大利亚的沃尔沃车车主名声特别差，大家都觉得他们完全不顾其他用路人的安全，后来沃尔沃公司还特别反击（多么讽刺），推出一系列以“可恶的沃尔沃驾驶”（Bloody Volvo Driver）为主题的广告。

我没有看到任何实际的科学证据，显示沃尔沃驾驶人的驾驶行为确实比其他车种驾驶人还要疯狂，但大家下回在路上看到沃尔沃车时，记得闪远一点，以策安全。另一方面，大家已经不需要闪避想在网络上找到下一个伴侣的人了，我们并非全部都是柠檬，也不是沃尔沃汽车——现在情况已经不一样了。

以逆向选择的角度来看，寻找另一半就像是：买二手车、上吃到饱餐厅、选择信用卡。

经济学家的重要洞见：

在某些市场里，只有握有或制造劣质产品的人有贩卖产品的动机，高质量产品不会进入市场交易。而企业以业绩计算薪资时，就能吸引更有生产力的员工为其效命，生产力较低的员工就比较容易离职了。

经济学家的择偶建议：

如果对方已经在交友网站上打滚很久了，还是躲远一点比较好！

PART 8

第八堂 选型交配

为何同一个办公室和小区中的人都很相似？

最优秀的律师，通常会进入最抢手的事务所；高学历的男性，通常也与教育背景相当的女性结为连理；然而，优秀配平庸的“负选型交配”却也能提高团队效率！这是为什么？

我很不会跳舞，天生没有节奏感，举止笨拙，除了舞技不佳之外，我在跳舞时也觉得全身放不开。如果跳舞是决定情侣幸福快乐的主要因素，那舞技超群的女人最好不要跟我交往，因为我会不太愿意跳舞，跟不上她的舞步，她也只能无奈地看着我想办法舞动身体，这些事一定都会惹她生气。所以有舞蹈细胞的人最好不要跟我这种人约会，跟我一样舞蹈白痴的女性请来找我。

顶尖的律师事务所都会招聘一流法学院中最优秀的学生，也有很多公司是非首选者不录用。许多一流律师事务所只招聘优质法律系所的毕业生，对于新进律师精挑细选，但也有少数事务所是只有顶尖法律系名列前茅的毕业生才进得去，几乎没有例外，例如曾参与编辑校内法律学刊，或是入选“白帽会”（Order of the Coif）的会员。白帽会的名字不是乱掰，这可是律师界的最高荣誉。

瓦奇特、立普敦、罗森及卡兹联合事务所（Wachtell, Lipton, Rosen and Katz），还有卡瓦斯、史旺及摩尔联合事务所（Cravath, Swaine and Moore），都属于这种例子。他们手上负责的都是商业及金融界最重大复杂的法律案件，相信自己必须拥有最棒最聪明的律师，才能有效完成这些工作。客户持续委托这些事务所，似乎代表这种商业模式颇有道理。在律师市场中，最棒又最聪明的律师会与最棒又最抢手的事务所配对；在一个舞技就是配对关键的市场中，我则会与舞艺不佳的女性配对。这两个例子背后的原理都一样。

为何舞者与律师会这样配对？答案其实是个很直觉的概念，但不知哪个经济学家从生物界借用了一个描述某种动物现象的词，给这个概念取了个很不直觉又可笑的名字（而且英文的正确拼法还会被计算机标记成错字）——选型交配（positive assortative mating），或称选型配对（positive assortative matching）。本章将采用选型交配这个词，不过你也可以自己选一个最喜欢的。

基本上，这个概念认为人并不是随机成为伴侣或组成团体，而且会在这个过程中显示出一种“排序”。最狭义的选型交配认为，“最好的”女人只会与“最好的”男人配对，第二名就会与第二名配对，以此类推。

一般来说，与随机配对的结果相比，选型交配的结果应该都会“更好”，下面举个简单的例子（待会儿我再解释为什么例子中的主角名字都很中性）。假设艾笛森（Addison）这位女孩外表亮丽，克里丝（Chris）则长得很安全。贝利（Bailey）这位男孩帅气健美，戴文（Devon）则是脸色苍白、身材走样、其貌不扬。假设其他条件一样，这两个男人都会想与艾笛森约会，而这两个女人也都会选择贝利。但若要达到效用最大化，最佳的配对方法便是将艾笛森与贝利配成一对，克里丝与戴文一对，如此艾笛森与贝利就可以安心地彼此相守，比较不会有不安全感。

选型交配显然是约会市场里的重要力量。市场对比较有魅力和富裕的人，需求当然一直都很高（下一章将详细讨论），但在交友网站上，有魅力的人对其他有魅力的人的需求特别高。更广泛地来说，学者发现，在外表的魅力度、收入、种族、教育及其他条件上，交友网站上的使用者都展现出明显的选型交配行为。

龙不一定配龙，凤不一定配凤的情境

但选型交配不是唯一的真理，确实有案例显示，负选型交配（negative assortative mating，例如将艾笛森与戴文配成一对）或随机配对（random matching，例如随机将艾笛森与戴文或贝利配成一对）比较管用，等一下我们也会讨论这些案例。

在某些配对情境中，找到最棒的另一半（也就是让配对质量最大化）是决定一个人能否快乐的唯一条件，此时选型交配就不适用了。假设有一家很潮又好玩的夜店，只开放俊男美女和他们的另一半入场。如果艾笛森、贝利、克里丝和戴文唯一的目标就是要进入这家夜店，那最好的办法就是采用负选型交配，将艾笛森与戴文配成一对、贝利与克里丝配成一对，对整个团体才是最棒的安排。他们四人都能进入夜店，整体效用就能增加。我这边讲的“团体”是真的情侣所组成的团体，并不是在鼓励换妻 / 换夫的做法。我知道换妻 / 换夫大概是想进入另一种特殊夜店最好的办法，不过这跟我设想的夜店不一样。

在这一章中，我们会不断请出艾笛森、贝利、克里丝和戴文来协助解说。寻求爱情的人希望能找到合适的另一半，求职者则希望找到理想的工作。无论是哪种配对情境，其中的参与者都可以用某种方法来分类，例如可以照优秀程度高低分类。接下来我用这四个人的英文名前缀字母来指定优秀程度，相对不会那么复杂。艾笛森是最棒的（艾笛森或贝利都可以算是最棒的），戴文则是最差的（克里丝和戴文都可以算是最差的）。如果不照优秀程度排列，也可以用其他方式分类。

例如艾笛森和贝利都是女性、少数族群或是同志，克里丝和戴文都是男性、白种人或是异性恋。我特别将这四位主角设定为中性的名字（这四个英文名字在美国的男婴及女婴命名统计上皆名列前茅），如此便能根据情境做同性或异性伴侣的配对。这个章节接下来将讨论几个例子，尝试回答以下几个问题：在什么情境下，艾笛森会与贝利配对？在什么情境下，艾笛森又会与戴文配对？配对结果的道理何在？在跳舞以及聘用律师这两个情境中（每个人依照跳舞能力高低排列 / 每个人依照律师技能来排列），我们已经了解，现实世界中的艾笛森通常会与贝利凑成一对。在大部分情境里确实都是如此，但也有些情境会出现不同的配对结果。

“富上加富”的黄金组合最为常见

大学等于是另一种网络交友平台——单身的人遍布其中，每个人都有许多机会认识彼此。我念大学时，校长还常常提醒我们，自己未来的另一半很可能就是学校的同学。许多夫妻都是在大学里认识的，所以念过大学的人比较有可能与有大学学历者结婚，这自然不是什么很令人惊讶的事。

以 2000 年美国已婚夫妇中，妻子年龄为十八至四十岁的夫妻数据来看，其中有大学学历者的比例只些微超过 25%，但有大学学历的人当中，另一半也有大学学历者的比例为三分之二。这些夫妻当中教育程度为高中以下者约为 11%，但高中教育程度以下者、且另一半同样为高中辍学生的比例，却超过 50%。这种情况与大学毕业生的婚姻情形十分类似。所以，如果我们把本章中的四位主角以教育程度来分类（假设艾笛森受过最多教育，戴文最少），很可能艾笛森最后会与贝利结婚，克里丝则会与戴文结婚。

这种“物以类聚”的模式不只在传统婚姻里看得到，教育程度也不是唯一的配对基准。男同志情侣、女同志情侣以及异性同居者，通常也都有类似的教育程度，跟已婚夫妻的情形差不多。在各种互许承诺的关系中，伴侣双方的收入水平通常也很相似，相似程度显示这不是随机配对的结果。工时较长、收入较高的人，会与其他同样努力工作的高收入分子住在一起。“富上加富”的黄金组合其实并不少见，因为日入斗金的人常会互相配对，财力较低的人就只能与类似财力的人搭在一起。

这种富上加富的情侣组合特别常见于没有婚姻关系的固定伴侣中。换句话说，与已婚夫妇相比，没有婚姻关系的同志情侣中，双方都是高收入分子的概率比较高。与已婚夫妇相比，没有婚姻关系的同性伴侣间，收入数字及工时也比较类似。这些数据显示，已婚夫妻比其他类型的伴侣关系有可能遵循传统的分工模式，一个人负责赚钱，另一人则负责操持家务、照顾孩子。

但以上这些有婚约及无婚约关系中的差异其实十分微小。无论是哪一类型的情侣，选型交配的情形都十分明显。有一份相关研究的作者在结论中提到：“我们在各种类型的情侣中，发现每种特质都有选型交配的现象。”所以无论以哪种特质分类我们这四位朋友，艾笛森都比较可能与贝利结为连理或走下去，克里丝则比较可能与戴文走在一起。

不过事实上，要说所有特质都是选型交配也不太正确，因为性别的配对就比较属于负选型交配的概念。多数人都是异性恋，所以至少在性别这一项特质上，大部分的人都会与相反的那一半配在一起。

选型交配让人难以往上爬

在《麻雀变凤凰》（Pretty Woman）中，理察德·基尔（Richard Gere）饰演一位多金生意人，茱莉娅·罗伯茨（Julia Roberts）则饰演一名命途多舛的应召女郎。他们两人陷入爱河，从此幸福快乐，罗伯茨的角色也爬上了社会阶级的梯子，更上一层。这种麻雀变凤凰的故事跳脱传统，但却是大家的最爱，也是好莱坞最爱描绘的情节。这种故事的真实性究竟有多高？我们确实会在经济的阶梯上上下移动，但是移动幅度可能不如大家想象的高，其中一个绊脚石便是选型交配——应召女不太有办法嫁给多金男。我们比较倾向与同样社会阶层长大的人一起走下去，因此强化了我们在经济系统中的位置。

夫妻双方除了教育程度可能相差不远，背景也很可能十分类似。所以有大学学历的人，比较可能与同样有大学学历的人结婚，且有大学学历的父母所生的孩子，也比较有可能与父母有大学学历的孩子结婚。随着时间过去，越来越多已婚夫妇的上一代都有类似的教育程度及其他特质，《麻雀变凤凰》的情节也越来越难上演了。

至少在美国与英国两地，这种趋势让大家越来越难爬上经济层级的阶梯。与其他先进国家相比，美国和英国的贫穷孩子长大后成为有钱人的概率，一直以来都比较低。这几十年来，英国和美国社会是穷者越穷、富者越富，所以这种趋势可能也使大家更难脱离贫穷。在北欧国家这种贫富差距较小的地方，不同世代在社会阶级上的移动情形就比较明显。

无论真正的趋势为何，大部分国家的人都难以在经济的阶梯上移动。而且社会地位无法移动的一大原因，似乎就是我们不断与更类似的人凑成一对，情侣间的家庭背景及个人特质都越来越相似了。

大型企业就是会吸引比较优秀的员工

交友网站上对你最有兴趣的人就是与你最相似的人。在学校里，我们遇见与自己相似的人，透过父母认识的人也都与我们是同类的人，所以若想认识不同类的人，要到哪里去找呢？职场怎么样？许多情侣都是在办公室里相识，像美国版《办公室》（The Office）影集播映长达九年的时间，总共有三对办公室情侣结婚，所以职场或许是个认识人、拓展眼界的好地方吧。

才怪呢！职场也是选型交配的一大堡垒。我们的同事也都是同类的人，因为每个雇主都会吸引不同种类的员工。

最有生产力的员工，会与最能善用他们技能的公司配对在一起，因此产生职场上的选型交配。我们最容易注意到的一点，便是大公司提供的薪水比小企业多。这也不是现代才有的事——一百年前，亨利·摩尔（Henry Moore）研究意大利的纺织厂女工，发现员工超过五百名的工厂，女工薪水比员工不到二十名的工厂女工高，约多出40%。摩尔不只发现薪资上的差异，还发现："随着工厂规模扩大，劳工的工作条件在各方面都有改善——他的工资提高、每年的工作日数增加、每个月的工作情形稳定许多、每日工时也会减少（这是一百年前的研究，就算研究对象是女性，作者还是觉得只要是有工作的人，都得用男性代名词"他"称呼才行）。"

摩尔到意大利做研究已经是一百年前的事了，这一百年来，世界各地许多不同职场的研究也得出同样的结果。举例来说，日本一份1988年的研究显示，员工数超过一千的公司，女员工平均时薪为一千五百五十四日元；员工数一百到一千名的公司，女员工平均时薪则是一千一百零五日元。大公司的女性员工在职时间比较久，教育程度也稍高一些。

1993年美国的研究显示，员工数超过一千的企业，与员工数介于一百至五百之间的企业相比，大公司里一般员工的薪水比小公司的员工多出11%。这种薪资差异部分源自其他因素——大公司的员工比较可能在公司里待久一点，教育程度较高，也比较有可能加入工会及全职受聘，但这些数字还无法彻底呈现大型企业所提供的薪酬究竟多出多少，因为大公司的福利通常也比较好。

企业规模与薪酬水平紧密联结，全球皆然，这点毋庸置疑，但为何会有这种情形？背后的原因有很多，其中有不少都与选型交配相关。同样一个人，在大型企业所能拿到的薪水，会比在小型企业里还多，其实可以从很多方面解释。

首先，大型公司很难完全掌握且监督手下的员工，提高员工的薪资能够提供员工不要偷懒打混的诱因。另一个可能的解释便是，在大公司工作基本上就是不好玩——想想呆伯特（Dilbert）[①]有多无聊吧！所以，大家要拿到补偿费用才会愿意放弃比较有趣的工作环境，待在大公司里工作。

除此之外，大公司或许口袋真的很深，觉得根本没办法、也没必要费力与员工谈薪水。我们只要想想在不同公司里负责谈薪水的人是谁，就知道最后这点也是挺有道理的。如果我在一家大企业服务，要求上司帮我加薪，这个薪水大概不是直接从上司的口袋里掏出来；而在小型企业里，每位员工的薪资多半是由企业主或是其他公司里的重要人物决定，这些人都有极大的诱因，必须严密控管开销。

虽然以上几点都是造成公司规模与薪资之间连带关系的重要因素，但选型交配才是这个现象背后最主要的推手。大企业的员工无论到了哪里，都会赚比较多钱。上述美国与日本的资料都发现，大企业

① 美国画家史考特·亚当斯（Scott Adams）创作的上班族漫画中的同名主角。该系列漫画以计算机工程师呆伯特为主角，讽刺职场生活的枯燥乏味与小职员的心声。

的员工教育程度较高，工作经验也比较多。许多研究也显示，在其他条件恒定的情况下，大企业的员工基本上就是“比较好”(生产力较高)。

让高生产力的员工待在连锁店，整体发挥的作用更大

换句话说，大企业可以吸引生产力较高的员工，这些人无论在哪里工作，都会比一般人更有生产力。举例来说，一份研究仔细分析了五十万家法国企业，发现在教育与劳动市场经验等员工条件相同的情况下，大型企业员工“比较好”这件事，能够解释大型与小型企业间的薪资差距。其他学者也在不同国家获得同样的研究结果。

我们可以很肯定地说，技能较佳的员工会选择在大型企业服务，这就是企业及员工间会选型交配的证明。以另一种角度来说，假设艾笛森是四个人当中教育程度最高、工作最努力、也是最聪明的一个人，其他人也同样以第一个英文字母来排列优秀程度高低。我们大概可以预测得到，艾笛森(前缀为A)会在财富五百大公司里服务，贝利(前缀为B)会进入一家中型的地区性公司，员工大约一千人上下，克里丝(前缀为C)可能是一家大约二十人小公司的职员，而戴文(前缀为D)则是在家工作的自雇人士。大家别忘了，这些数据都只是平均值，企业规模不是决定生产力的唯一因素，小公司当然也有不少高生产力的员工，而大公司也不乏生产力低下的人。

但为何技能较优的人，平均来说都会在大企业中工作？其中一个可能的原因是，比较有生产力的人工作的地方，应该要能够让他把自

己的特质传授给越多人越好。换句话说，出色的老板可以让手下的员工也变得更优秀，所以比较好的老板本来就应该要有更多手下才对。但这种逻辑只能解释好老板只会出现在大企业里这件事，而不是大企业里的所有员工应该都会比较好。

然而，如果大企业里有很多员工可能往上晋升，我们就会希望大企业里每个层级的员工都会比较有生产力。也就是说，我们会希望艾笛森在一家有很多跟他一样优秀员工的公司工作，让这些人都能接受艾笛森的训练，变得很有生产力。

大企业在其他方面也更有善用员工技能的能力。举例来说，他们能够买入最好的资本设备及最先进的计算机器材，或者可以四处调动员工，让员工不会无事可做。从这种角度来说，因为好员工与好企业结合，对整体生产力增加有加乘的效果，所以我们会希望最有生产力的人到这些大企业服务。

再举一个简单的例子。假设有一家大型连锁超市，买了一台三明治机。艾笛森操控机器时，一小时能做出两百份三明治；贝利操控机器时，一小时只能做出一百五十份。如果把场景换到地区性的小店，艾笛森一小时可以在吧台里做出二十份三明治，贝利则只能做出十五份三明治。艾笛森在这两个场景的相对生产力都比较高——生产力都比贝利高出三分之一。如果艾笛森在连锁店工作，贝利在小店工作，两个人一小时总共可以做出两百一十五份三明治；但若两人工作的地点相反，则每小时的总生产力就只有一百七十份三明治。

大家现在应该已经注意到，以上讨论的主轴都一样：在选择约会对象、结婚对象或是工作伙伴时，通常都可看到选型交配的情形——

外貌姣好、富有和教育程度高的人会配对在一起，长相抱歉、口袋不够深和没念过多少书的人，则自己组成另一个团体。这种现象在各种情境中都会上演，几乎无一例外——世界上的艾笛森与贝利几乎都一定会在一起，克里丝和戴文则属于另外一组。

所以艾笛森及贝利（生产力较高或技能出色的人），比克里丝和戴文有机会在大公司工作。那在企业内部呢？假设这四人是同一家公司的员工，现在要组成不同的团队，目标是要让团队的生产力越高越好。如果公司需要两个团队，每队两人，负责同样的工作，那应该把艾笛森和贝利这两个明星配在一起吗？还是应该让艾笛森与戴文一组，好让戴文可以学习艾笛森的优秀技能？这个案例将会呈现不同于本章主题的配对结果。

罪恶感可以提高团队的工作效率

选型交配确实在交往、人际关系、工作地点等情境中十分常见，也是很适切的配对方式，但在许多职场内部，艾笛森＋戴文，及贝利＋克里丝这种配对方式才能创造最大的生产力。这种现象背后可能的原因跟经济学没太大关系，不过也十分有趣：罪恶感与羞愧感。

巴顿·汉弥顿（Barton Hamilton）、杰克·尼可森（Jack Nickerson）与希戴欧·欧旺（Hideo Owan）研究加州一家成衣厂的生产力，在实施新的给薪标准后有无变动。原本这家成衣厂是根据每个员工完成的件数计薪，后来改以团队为单位，每一个团队人数固定，根据整个团队完成的成衣件数来计薪。

采用新的给薪制度后，每个人在团队里的生产力都提高了（他们采用六至七人的小型团队），整个工厂的生产力增加了 18%。三位学者也发现，负选型交配是最好的组队方法——意思就是把艾笛森与戴文配在一起，把贝利与克里丝配在一起，才是最好的做法。懒惰的人与生产力高的人一同工作时，会觉得自己很丢脸，所以更努力工作。这种努力工作的推力，会胜过勤奋的人因为身边懒惰的同事而跟着打混的问题。换句话说，大家与戴文（慢郎中）一起工作时都会少做一点，而与艾笛森（缝纫高手）一同工作时都会多做一点，不过“我必须赶上艾笛森”的效果更强。

阿明·福尔克（Armin Falk）与安德烈亚·伊齐诺（Andrea Ichino）两位经济学家的研究也得出相同结论。他们两人在研究中招募一群苏黎世地区的高中生来打工，负责将苏黎世大学要发的纸本问卷装到信封里，他们想要知道工读生在哪种情境下的装袋生产力比较高：独自负责装袋，或是与另一个工读生一起装袋。研究发现主要有三：

第一，与其他人一起工作时，能够装好更多信封，数量比独自一人工作时多。第二，成对工作与独自工作相比，可以排解一人工作时的无聊，或许是提高生产力的原因之一。但除此之外，装信封的工读生看起来是会在意另一个人的想法——从工作情况看来，很明显会有两个人同时都很勤奋工作，或同时生产力低落的趋势，很少看到其中一人生产力特别高的情形。

福尔克与伊齐诺在这份研究中发现的团队成员效应，也与成衣厂的研究一模一样：当团队的成员是艾笛森＋戴文、贝利＋克里丝时生产力比较高，超越艾笛森+贝利及戴文+克里丝，可见罪恶感在职场上的力量很大。

亚力克斯·马斯（Alex Mas）与恩利可·莫雷蒂（Enrico Moretti）也发表过一份同样主题的研究。他们的研究数据来自连锁超市的结账信息，大家可以想象一下一般超市结账区的景象，比较能了解他们的研究设计。一般的结账区都有好几排结账柜台，负责扫描商品的结账员排成一整列，每个人都只能看到前方的结账员背影，但看不到背后的结账员。所以结账员的视线，可能会看到前方零个或好几个结账员的动作，而他的背后也可能有零或好多个结账员看着他。

这两位学者研究的连锁超市中，平均会有七个左右的结账员当班，每个人开始上班、下班或休息的时间都不一样，几乎是随机的。马斯和莫雷蒂在这些结账员的资料中发现几个有趣的趋势。第一，只要生产力很高的结账员开始上班（也就是艾笛森），所有结账员的生产力都会上升一些。只要戴文开始上班，则其他人的生产力也会下降一点。马斯和莫雷蒂还指出公司应该根据负选型交配的原则安排结账员——戴文应该要在艾笛森上班时上工，贝利也应该要与克里丝排同一个班。以实际的例子来说，假设艾笛森打卡上工时，戴文和贝利已经开始工作一段时间了。艾笛森上工后，戴文扫描的产品数目会开始提升2%，贝利则可以提升约0.5%。

有趣的是，马斯与莫雷蒂发现，要让艾笛森发挥这种提升他人生产力的效果，就一定要将她放在可以看到其他慢郎中的位置工作。戴文觉得艾笛森看到自己动作很慢会很丢脸，这就是加快速度的诱因。如果戴文可以看到艾笛森努力工作，但艾笛森是背对戴文，所以看不到他动作有多慢的话，戴文对这种配对就不会有反应。看到艾笛森勤奋投入并不会激励戴文，戴文会加速工作，是因为害怕艾笛森看到自己动作很慢。所以，至少在超市结账台这个案例中，负选型交配是最好的方法，不过还得确定这些慢吞吞的员工逃不过手脚超快员工的眼睛。

能力分班才能让学习效果最大化

超级市场的结账员与装信封的工读生，最好用负选型交配的方式分组，不过这两个案例算是例外——其他情境里的分组情况几乎都是选型交配。本章一开始便提过，律师就是用选型交配，也就是最出色优秀的律师会到精英等级的“白鞋公司”（white-shoe firms）工作。这些精英级的律师都是耶鲁和哈佛的同学，一起合作编撰校内的法律评论校刊。许多人在进入法学研究所前，也都是顶尖大学的学生，身旁的同学聪明绝顶、成就非凡。事实上，我们从孩子很小的时候，便会依他们的学业表现“分组”。

例如我家孩子的高中数学课便以能力分班，共分五班。学校把数学能力最好的学生聚集在一起，与其他学生分开来。如果艾笛森和她的朋友是高中生，并以数学天分来将这些孩子排序的话，我家小孩上的高中（以及大部分的高中）都会相信选型交配才是正确的分组方式，会将艾笛森与贝利分在同一班，克里丝和戴文则分到另一班。

除了数学以外，到了高三这一年，很多学生只修读大学先修课程

（Advanced Placement Classes），其他学生则是完全没有修读大学先修课程。在这个时候，艾笛森与贝利会经常在各种课堂上相遇（还会彼此交换普林斯顿大学的申请进度），克里丝及戴文虽然也有不少课要上，却很少在课堂上见到另外两位同学。

这种分类的主要原因并不难懂，而且与交友网站上的选型交配原理完全不一样。在交友网站上，我们会选择自己想要花时间相处的人，因此完成配对。但是在选择班级时，我们的目标是让孩子的集体学习效果最大化，据此将孩子分类。如果我们把戴文和艾笛森放在同一班上数学课，老师可能得为了戴文放慢速度，艾笛森的学习就会被拖累；或者老师会为了艾笛森而加快进度，可是过程中就只能放弃戴文了。把戴文与克里丝分在同一班、艾笛森与贝利又在另一班的这种安排，才能让学习效果最大化。

但这种安排会让克里丝与戴文付出代价。超级市场的结账员会影响身旁的同事，学生也不例外，经济学家与其他社会学家发现，学校里会出现“同侪效应”。同侪效应的大小会根据不同时间和地点而不同，但这是学校里的一种重要现象。

艾笛森只要加入某一个班级，全班都能因此多学一点，而戴文加入的班级则是全班都会少学一点。当艾笛森与其他优秀学生都在同一班时，全班的整体学业表现最佳，但是戴文要加入这个班级，至少得付出一点小小的代价才行。在教学分组方面，选型交配或许是最好的办法，但这也是令人难以在社会经济的阶梯向上移动的障碍之一。

无论好坏或公平与否，这个世界就是充满了选型交配，不仅在交友网站或其他男女认识交往的地方看得到，在各式各样的场景中也都看得到。无论生活、就学、就业，大家都喜欢跟与自己同类的人处在一起，而且这种安排一般来说也能让大家更有生产力（至少在特定层面上是如此）。

我们或许希望事情不是如此发展，但我们没办法战胜自然：科学界的同侪发现，红交嘴雀（鸟类）、冰岛三刺鱼（鱼类）及水黾（昆虫）都会根据喙与体型进行选型交配，人类没理由与众不同。

以选型交配的角度来看，寻找另一半就像是：跳舞、超市人员的排班、孩子的数学能力分班。

经济学家的重要洞见：

人在各种情境中（大家庭、邻居）都会组成团体，根据彼此之间的异同分组，组内成员的相同之处会比组外的人还多。在各种职场中，都应该安排最有生产力的人与生产力最低的人一同工作。勤奋的明星可以让懒惰鬼进步，懒惰鬼则不会过度拖累勤奋的明星。

经济学家的择偶建议：

我们最后一定会跟自己同类的人在一起，接受事实，好好生活吧！

第九堂 PART 9
技能有价

魅力会获得奖励
知识会获得报酬

毕业五年之后，外表亮眼的律师收入会大幅增加；每多接受一年的教育，终生收入平均会增加8%至10%！具备在他人眼中有价值的技能或特质，会因此获得奖励，但是“超级巨星效应”，将只让最顶尖的人受惠……

每个人的择偶品位不尽相同，但是有些条件是大家公认理想对象必备的特质，外貌与财富便是最显著的例子。我们与另一半得长时间相处，所以他们的脸蛋最好别不堪入目，也有能力让我们有机会参加异国旅行，买栋好房子，满足其他物质享受的梦想。我承认，在其他条件不变下，我的另一半越美、越有钱，我想我的快乐度也会越高。

许多学者的研究都发现，姣好外貌与财富是交友市场上十分重要的特质。冈特·希曲（Gunter Hitsch）、阿里·何达苏（Ali Hortacsu）与丹·艾瑞利（Dan Ariely）三位学者，研究波士顿及圣地亚哥地区两万两千名在线交友用户的数据发现，男人基本上就是在找有魅力的女人，女人就是要找有魅力又有钱的男人。其他条件固然也很重要，但外貌与财富的吸引力最大。

这份研究的作者要分析外貌的效应，一开始当然得先挑出外貌姣好的人。一般来说，这种事情只要拿出点钱来，请大学生看看许多人的照片，一一评分即可完成。这类研究找许多学生来做评分，每个学生的评分结果通常都高度相关，代表“魅力”确实可以客观评量。

在交友网站上，姣好外貌可以发挥多大功效呢？各位猜得没错，效用可大了！如果要预测交友网站上的某个人，有多高的频率收到有好感的使用者来信，外貌这个指标的预测效果会最好。魅力度前10%的人收到的来信，是相貌普通者的两倍，而相貌普通者收到的来信也是魅力度倒数10%的人的两倍。希曲等人也发现男性中有“超级巨星”效应，十分有趣。“性感度”前5%的男性所收到的信件数量，比位于第6%到10%百分位的男性多一倍。OkCupid网站也自行分析站内资料，研究个人魅力与信件数量的关系，该网站的博客提到：“性感的女性收到的信件为相貌普通者的四倍，为丑女的二十五倍。”

整体魅力高低很重要，但其他特定生理条件的重要性也不容小觑。高挑的男人比较常收到信，身高中等的女性则比高挑和矮小的女人要好。过重的人较少有人联络，影响的效果超过体重对他们魅力分数的影响。最后，金发女性收到的信也比较多，这点大概跟传统的想法差不多（但这个效应其实很小）。金发女郎不见得特别有趣，但确实比较受欢迎。

外表很重要，但外表不是唯一——至少在女性眼中是如此。假设其他条件相同，年收入二十五万美元的男性，会比年收入低于五万美元的男性收到更多信。男性则比较不在乎收入高低，高收入女性与低收入女性收到的信件数量差不多。

希曲等人还找出了几个在吸引追求者时的相关条件，但这些条件的重要性都不及外貌与财富。高学历能些微提升男性在交友网站上的魅力，但对女性没什么帮助，女性特别喜欢律师、医师、军人以及消防队员。消防员受欢迎大概是受到刻板印象的影响（他们没有提到经济学家，不过这一定是样本太小的缘故）。另一方面，男性不在乎女性的职业为何，显然——这也是千真万确——男人中有很多是只看外貌。

多赚四百五十万才能和绝色美女拥有同样魅力

让波士顿及圣地亚哥地区的网络交友用户魅力大增的特质，同样也能让韩国的网络交友用户迷人万分。李秀亨（Soo Hyung Lee）研究韩国交友网站上的情侣，追踪两人自初次接触一直到决定订婚的所有历程，所以可更精确地衡量一般人找寻终身伴侣时的条件，而不只是约会对象的条件。她同样发现，男人最重视的就是外表，女性则是重视外表、财富及一些其他条件。

举例而言，对一般韩国女性来说，脸庞极为帅气的男子，与长相普通但年收入比帅哥高四万四千美元的男人一样吸引人，但是对一般男人来说，相貌普通的女人若要与绝色美女有同样的魅力度，每年至少得多赚十五万美元才行。换句话说，与女性相比，男性愿意“支付”高三倍的价格，换取另一半的美丽容貌。

“辣妹”才会常常被搭讪，多金男在女人眼中看起来更迷人，这些事你大概早就知道了。目前还没有人针对同志网站进行魅力特质的研究，但根据类似案例看来，似乎与异性恋网站的情形相去不远：外貌与收入（或至少职业）很重要。这些结果——也就是人会在乎外貌与财富——常常与演化心理学或演化生物学的概念链接在一起，但各位可能也很疑惑，这些结果与经济学有什么关系呢？答案有两个。

第一，对另一半的财富、魅力或其他条件的要求，其实就是人类以“效用”来思考的另一个案例。在第一章里，我们讨论到效用其实就是快乐的代名词，而且人在决策时会选择能增加快乐程度的选项。从网络交友市场相关的研究来看，我们可以推论男人与较有魅力的女人在一起时比较快乐，而女人与比较富有且有魅力的男人在一起时会比较快乐。

第二，每个人天生都有某些特质，或是会习得某些特质，这个议题也是本章待会儿会详谈的重点。有些人特别聪明、有些人特别俊美、有些人运动细胞特别发达，这些特质在市场上都是有价值的——而且可以交易。在交友的市场上，我可以获得的女性约会对象就是喜欢高学历、中年、收入不错（虽然不算超高），而且帅翻天的男人（我已稍微修饰一下了）。

现在，我们来讨论这些特质以及其他特质，如何影响一个人在劳动市场上的状态。

美貌溢价与丑陋罚金

德州大学的经济学家丹·汉默许（Dan Hamermesh）发表过许多重要的劳动经济学研究，但他关于外貌与收入的研究真的是声名远播，远远超越学术殿堂的范围。1994 年时，汉默许与杰夫·比德尔（Jeff Biddle）开始深入探讨外表的魅力与收入间的关系，是经济学领域中第一份相关主题的研究。

两位学者搜集美国及加拿大在20世纪70年代进行的几份包含魅力度评量的调查结果，分析后发现，即使技能相同，长相“低于平均”的人，收入会比长相属于平均值的人少10%至15%；而长相“优于平均值”的人，则会比长相属于平均值的人多赚5%至10%。与女性相比，没有魅力的男性收入减少的幅度较大，魅力为他们带来的收入奖励也比较少。换句话说，有魅力的女性可因此获得更大的奖励，而没有魅力的女人因此受到的“惩罚”也比较小。

大家可能认为，过重的人与没有魅力的人大概会落得同样的命运，但汉默许及其他学者发现，一般来说，若魅力度不变，大部分族群的体重与收入之间并没有强烈联结。其中一份研究的样本数特别大（这里可没有双关），有精确的体重数字。这份研究发现，超过标准体重五十磅（约二十二公斤）的白人女性，会比标准体重的白人女性少赚8%的钱，不过其他性别与种族都没有在劳动市场中因体重受到惩罚的情形。

与美貌及身材相关研究的结果，与交友市场中同样主题的结果一模一样，这点特别值得注意。美貌会获得奖励，而体重经过美貌调整后也不会导致过大的惩罚。比较有魅力的人在交友网站上特别引人注目，这点自然不难懂，但魅力为何也会在劳动市场中成为一项有价值的资产呢？汉默许及其他学者花了很多时间，希望能找出美貌有价的原因。

其中一项可能是美貌比较有生产力——美貌提升了人在雇主眼中的价值。对演员来说这点当然十分重要，某种程度上来说，运动员（帅气的选手可以获得更多代言机会）和政治人物也挺需要亮眼外貌的。但以律师为例，亮眼外貌应该没办法让一个人变成更好的律师（电视上的法庭剧例外，这种戏里的律师刚好都是当模特儿的料）。还是美貌真的能让你变成好律师？

毕业五年后外表亮眼的律师收入会大幅增加

比德尔与汉默许搜集各大顶尖法学院的毕业纪念册，分析 1970 至 1980 年代毕业学生的照片，及每个人日后在校友调查中提供的相关信息。研究当时，女性律师的资料不足，无法精确评估，所以最后只分析男性律师的情形。

比德尔与汉默许发现，外形亮眼的律师收入比不亮眼者高，而且这个效应会随时间越来越明显，也就是说，外形姣好的律师刚从法学院毕业时并不会获得太多额外收入，但是毕业五年后，这种“帅气溢价”便会大幅增加，毕业十五年后，增加的幅度更大。

为何比较有魅力的律师，会随着时间获得越来越多溢价的奖励？第一可能是因为他们比较能带来业务（也就是说，需要法律服务者偏好委托较有魅力的律师），第二可能是因为无论法律技能高下，他们在法律事务所中比较有机会晋升合伙人之列。

如果各位在大学时曾经上过统计学或社会科学课程，现在一定在想：关联并不代表因果关系啊！外形亮眼的人赚的钱比较多，还有其他可能的原因，不一定是因为魅力直接造成的结果。举例来说，勤奋又有企图心的人，或许不仅会努力累积事业成功，也比较擅长打理外表、维持健美身材，之后这些人就会变得有钱有魅力，不过他们的财富与魅力是来自其他不相关的因素。这个因果关系也可能倒过来，或许是因为他们赚很多钱，所以能让外表变得更迷人，毕竟整形手术、人工防晒、健身房入会费跟精致的发型可都不便宜（这是别人跟我说的，我从来没用过这些东西，我头上也没剩几根毛了，偶尔才会去剪）。

但是在律师及其他美貌与薪资相关的研究当中，都发现了十分强烈的证据，显示以上的其他解释都不成立。在律师这份研究里，研究对象的照片是刚进法学院时拍的，所以如果是收入造成美貌的话，这些学生应该是在进法学院前就是有钱人了。但是校友追踪调查的资料足以排除这个可能性———家世雄厚的人，外形并没有特别出色。其他可能造成一个人既迷人又高收入的外部因素，也同样找不到证据——魅力与成功及收入之间的关系独一无二，其他因素与收入之间都没有如此特别的关系（以律师来说，像是编纂法律学刊、在班上名列前茅或担任法官助理等都算是其他因素）。所有证据都显示，天生迷人的外表会让你收入更高。

平均来说，外表欠佳的人薪水较低，而自己也无法控制压低薪水的这个原因，这或许也算是一种歧视。美国《每日秀》（The Daily Show）节目中曾经播出一段汉默许及美貌研究的专题（大概是电视史中最好笑、娱乐性最高的一段经济学家的访问），里面以开玩笑的口吻提议，国家应该保障这群“丑美国人”的劳工权益。但是证据显示，有魅力的人薪水较高是因为他们比较有价值，而不是因为魅力欠佳的人遭到歧视之故。

多受一年教育换得8%到10%的薪水增长

在交友与劳动市场中，参与者也会把自己的聪明才智带到市场来——智能与知识。一个人（无论作为约会对象或员工）的聪明才智、幽默感或价值，有很多都是天生的，但也有很大一部分是在学校学习而来，所以与其他特质比起来，教育这个特质的相关研究，应该是最多又最深入的。

如上所述，教育在交友市场中似乎不是直接有用。换句话说，假设其他因素相同，教育程度较高者收到其他人来信的概率并没有比较高（至少增加的幅度不大），但教育与其他会让人在交友网站上魅力四射的特质相关，其中联结最明显的便是收入，也是本章后续讨论的重点。值得注意的是，教育也有促进健康等其他的正面效益，能让人看起来更有吸引力。

收入较高的人在交友网站上炙手可热，学历较高者同样也会成为劳工市场的抢手货。讨论教育带来的“财务报酬”这类研究遍布全球，不胜枚举，且结论完全一致———教育程度越高，就能获得更理想、薪资更高的工作。

在谈钱之前，我们先讨论教育在避免失业这方面的价值。许多国家将失业人口认定为想找工作但没有工作的人。低度就业（underemployment）的定义相对没有那么严谨，但也是很重要的概念———意指想要工作但没有工作、工作时数不符期待，或目前工作岗位无法使其充分发挥技能的人。无论何时何地，高学历者失业及低度就业的情形都没有其他人严重（而且真的毫无例外）。

举例来说，美国2009年的统计数据显示，高中学历成年男子的失业率为11%，大学学历成年男子的失业率则是4.7%。但这些数据还不足以展现学历的重要性，因为不同学历者低度就业率的差距更大。

教育可以避免失业的价值，不仅在经济衰退时期或美国地区有效。2005年，美国的就业情形正值高峰，当时高中学历的成年男性失业率只有4.7%——但大学毕业生的失业率更是只有4.7%的一半。而在日本，高中或同等教育程度者在2009年时的失业率为6.4%，但大学或同等学历者的失业率却只有3.1%。目前的讨论都以男性为例，但在各种性别、种族与年龄类别中都能看到这种失业率（及低度就业率）的差异，教育程度与失业率总是互相联动。

教育的第二个主要效应便是能影响在职者的薪资。学历高者赚的钱比较多，这同样是放诸四海皆准的真理。当然，不同地方或年代的人，因为教育能获得的额外薪资数目有高有低，但总体来说，在其他条件一样的情况下，在学校多待一年，可以换来8%到10%的薪水增长。这个数字还不小呢！

高中毕业后若继续到小区大学念书，大概可以让你这一生多领20%的薪水。高中毕业后若不是选择直接投入职场，而是上大学且取得学历的话，大概可以将薪资提升50%，而且这数字终生不会往下掉！攻读MBA或法律研究所的价值更惊人，超越学士学位的效果。遗憾的是，这条法则只有一个例外，那就是博士学位与硕士学位相比，没有办法再提升薪资水平。[①]

羊皮效应——教育背景也能让你魅力四射

接着我们开拓一下讨论的地理多样性，以澳大利亚的资料继续探讨这个议题。最近一份研究发现，在2000年早期，澳大利亚人每多一年的教育，就能让时薪增加10%，完成高中最后一年的学业，更会将增加幅度冲高到23%！这就是所谓的“羊皮效应”（sheepskin effect）——与取得某个学历相关的薪资大跃进。

在澳大利亚，教育程度较高的人工时也较长，所以教育贡献在收入方面的总效益会更高。刚才提到的这份研究也发现，大学毕业生比高中毕业生多赚40%的收入，硕士毕业生则比大学毕业生多赚15%。在哥伦比亚和阿根廷等地，也发现了类似的结果。在这些国家里，拥有高中学历者的比例很低，但是与澳大利亚或其他发达国家相比，接受过教育者所享受的经济价值并没有两样。

羊皮效应的重要性在于，它展现了完成学业的经济价值，所以虽然每多念一年书通常可以替你多赚10%的薪水，但是差那么一点就可取得某阶段学历的人，所能享受的薪资增长就小得多了。

举例来说，完成小学到高中十二年学业的人，与高二后辍学的人相比，收入会高出16%，但是完成第十三年的教育（也就是再念一年大学或小区大学）的价值，只有2%的额外薪资而已。同理可证，大

---

① 这不代表学术界里的经济学家攻读博士班是个错误的经济选择，我们只是需要用其他方法获取效用罢了。

二或大三后休学者的薪资不会有什么差异，但完成大学学业后所能获得的薪资，却会比大三后休学者高出 30%。

就我所知，还没有人针对交友市场进行学历相关的研究，不过教育程度在交友市场中如果也有影响力的话，我猜其影响力是来自羊皮效应——因为在交友网站上，学历的表示方法为“大学肄业”“学士”或“学士以上学历”，不会列出总共接受过几年的教育。

高学历真的是高薪的原因吗?

大家或许已经接受高学历者可以赚比较多钱的说法，但或许又开始质疑其中的因果关系，心里可能会想：“高学历真的是高薪的原因吗？”

举例来说，也有可能是因为聪明有才华的人觉得上大学和念硕博士比较简单（所以他们比较有可能取得大学和硕博士学位），而这些人刚好也比较有生产力（所以薪水较高）。经济学家很努力地试图分辨收入与教育之间究竟只是互有关联，还是有因果关系。事实上，我们这些钻研劳动经济学的学者在这个议题上花的时间，大概不亚于医学专家寻找癌症疗法所投入的时间。

若想判定教育是不是一个人薪资增加的原因，最好的办法便是找一个人，要求他高中毕业后不再念书，观察他日后的职业发展，然后再让时光倒转，让同样一个人在高中毕业后攻读学士学位，看看这次他的薪水会不会变多。当然，我们都很喜欢《回到未来》（Back to the Future）这部片，不过把希望寄托在时空旅行研究上似乎（还）没有成功的迹象，所以经济学家必须想出一个聪明的办法，模仿这套时光倒流的研究方法。

为了分清楚教育与收入间的因果关系，相关学者研究许多教育相关变因，希望了解这些变因如何影响收入。这些变因包括双胞胎的教育程度差异、幼儿园入学年龄，以及小时候的家与大学间的距离等等。这些研究当然都有可以批评的地方（相信我，许多树木都已为了这些批评壮烈牺牲），但从整体的证据看来，结论十分明显——教育与收入间确实有很强的因果关系，至少对一般人来说，希望自己这一生能多赚一点钱的最好办法，便是取得良好教育。另外，高学历带来的额外收入，至少也能帮助男性在交友网站上提高人气。

品位会改变，魅力高低也会改变

姣好外貌与出色学历是交友及劳动市场上的有价特质，但是这两个市场对于这些特质的需求，也会随时间改变。若是交友网站在20世纪20年代时便存在的话，当时使用者所追求的美丽，与现在这个时代所欣赏的美丽一定大不相同。

以我个人为例，很多人都说我长得很像英国歌手史汀（Sting），我猜这种明星脸对部分女性来说应该有些吸引力，算是我在交友市场上的优势。但随着史汀（及我）年华老去，这种吸引力也渐渐消失。顺便说明一下，有一阵子人家都说我像史汀，不过后来也有人说我长得很像戴维·卡德（David Card）。卡德是劳动经济学界的摇滚明星，他在教育的报酬这方面的研究，也是本章讨论的基石。有位同事听到我长得像这两个名人之后，马上取笑我是歌声像卡德，经济学研究却跟史汀差不多水平。

半个世纪以来，大家择偶的口味改变了，雇主也同样在最近这几十年提高了对教育的品位。以 1979 至 1987 年的情形为例，当时大学毕业生的薪资比高中毕业生多出 30%，这个数字现在持续增加。

我们很难清楚解释劳动市场奖励技能的方法，为何会随着时间改变。教育的价值不断增加，其中一个常见的解释，便是现在这种“有技能偏见的技术变迁”（skill-biased technical change）。这名词听起来很吓人，但原理很简单——随着时间过去，使用科技的能力对生产力的影响越来越大，超过机械性与重复性技巧的效益。这种变迁的第一个推手当然是计算机，不过其他技术上的变迁同样举足轻重。举例来说，与几十年前相比，制造沙发或汽车等产品所需的人力工时，已经大幅降低了。

全球化也加剧此变迁的脚步。20 世纪 90 年代早期，我在硅谷一家高科技公司负责营销工作，当时计算机与计算机零件制造的地方就在我的办公室附近，但现在计算机制造早已完全移出美国境内了；过去制造这些产品的劳工大多学历不高，现在所能领到的工资也越来越低。

有技能偏见的技术变迁或许是教育价值提升的原因之一，但绝对不是唯一的因素，例如在技术变迁最快速的时期（例如 20 世纪 90 年代，因特网大鸣大放之时），有时也能看到教育的价值并没有跟着增长。所以我们还没有办法清楚解释劳动市场所有现象的个中原因，这就跟交友市场的流行趋势转变难以捉摸是一样的道理。

超级巨星效应——巨星越来越少，但也越来越红

教育不断增值的现象几乎影响到劳动市场里的每个人，不过也有一些市场变迁只对等级最高的那群人有影响。大家还记得交友市场里的超级巨星效应吗？帅气排名前5%的男性，收到的讯息比排名5%到10%的男性多一倍，且比其他男性多好几倍。劳动市场也有这种超级巨星，不过我想各位应该早就预料到了。这两种超级巨星都有一个共通点——随着时间过去，他们的存在越来越普遍，获得的报酬也越来越多。

超级巨星的崛起也是技术变革的结果。20世纪50年代，全美国有好几千个喜剧演员（stand-up comedian）都算得上是小有成就，一百年前，小有成就的歌剧家及制鞋匠也非常多，但现在可不一样了。成功的喜剧演员还是不少，但是小有成就的人数变少了，而是有一小群人空前成功，名气之大是半个世纪以前的喜剧演员完全想象不到的。

在20世纪50年代，所谓伟大的喜剧演员可能是轻歌舞剧剧场的名角，或卡兹奇山（Catskills）当地的名人，在国内四处巡回演出，观众数目也不算太多。但有了电视与网络之后，路易（Louis C. K.）、杰夫·福克斯沃西（Jeff Foxworthy）及克里斯·洛克（Chris Rock）等喜剧演员的演艺生涯被推上高峰，收入之优渥远远超越20世纪50年代任何一位成功演员。

许多人还是喜欢到喜剧俱乐部去欣赏这些喜剧演员的演出，但是我们现在也可以选择在HBO特别节目或Netflix上面收看他们的表演。因为如此，就算这些超级巨星可能只比次一等的喜剧演员多出那么一点点才华，但现在他们可以接触到的观众人数几乎没有上限，可以吸引大量观众同时享受他们的表演，却因此牺牲了相对没那么成功的竞争者。现在，要观赏同样几位喜剧演员的表演是很简单的事，其中最厉害的人就会变成超级巨星。

歌剧界也有同样的现象。1800年时，许多美声歌手必须巡回世界，才能在各地的观众面前表演，但自从录音机、广播、电视诞生后，有些美声歌手便跃升家喻户晓的名人之列，先是玛丽亚·卡拉丝（Maria Callas），后来又出现了琼·苏莎兰（Joan Sutherland），最近则是以三大男高音最为知名，他们也因此获得了空前的财富。广播、电视及现场转播技术的进步，同样也让披头士及U2等乐团赚进数也数不完的钞票。事实上，除了他们之外，大概还有好几千个在线乐团，也拥有毫不逊色的实力与才华。

交友市场中的超级巨星在使用交友网站时，也会因为同样的现象占尽优势。如果你是个极为迷人的对象，在交友网站上可以一次就向许多人展现自己的魅力，而不用像以前一样，必须亲自造访一家又一家的单身酒吧，一次只能认识一个人。可惜我的脸蛋无法让我成为网站上的超级巨星，只好乖乖练琴、磨炼我的喜剧功力。不过对那些比较幸运的人来说，网络交友的发展可说是让他们收获满满。

山姆大叔需要你——但企业想要你吗?

交友网站上的军人比一般平民还引人注目，但他们在劳动市场里是否一样吸睛？毕竟这些人在军队里学到不少有用的技能，像是如何团队合作、维持强健体能以及其他技能等等，所以我们也许可以预期，退伍军人在劳动市场中会获得奖励。

在以色列、韩国及土耳其这种有义务役制度的国家，我们没办法比较当兵及没当兵的人之间的异同，所以很难判定从军的经验在这些国家里是否有什么价值。但是在有志愿役的国家做研究也不是就一切顺利，就像前面说的教育议题一样，我们必须小心判定因果关系是否存在。

美国现在所有士兵皆为志愿役，但乔希·安格斯特（Josh Angrist）这位经济学家发现越战时期提供了有趣的实验信息，因为当时征兵的方式为随机抽签，所以能力与背景相同的人有些被抽中而从军去，有些人则没有被征召入伍，这就让安格斯特有机会比较这些人日后的发展。安格斯特发现，以 20 世纪 50 年代早期出生的白人男性来说，从军的经验会使一个人的收入降低 15%，且退伍十年内都会看到这种效应，但是少数族群男性似乎不会遇上这种负面效应。

我们很难证明这种结果是否只是特定时空下的现象，因为美国人对越战特别反感，也可能因此造成越战退伍军人承受更严重的后果。泰国目前也是以随机抽签方式征兵，或许待现在的士兵日后投入职场后，会有经济学家运用泰国的资料，分析军旅生涯对这些人在劳动市场发展的影响。目前为止，经济学家还无法断定军旅生涯如何左右一个人的职涯发展。

最后还是要看人脉

最后要讨论的这个特质在交友市场、劳动市场及商务界都具备极大的经济价值，也会创造很不错的报酬——社交技巧。如果没办法开展个人网络，那自己的存在也没有价值。不过网络兴起后，社交技能在交友市场及其他市场上的价值却有了不同方向的转变。网络可以取代寻爱的人所需的社交技巧，但却提升了社交技巧在劳动市场及商务领域里的价值。

我恨透了传统交友方式。首先，我真的很不喜欢由朋友安排相亲，而且要是约会不太顺利，还会害他们失望。我也跟大家一样，不希望谈办公室恋情，但是工作却是我认识他人的主要机会。网络交友让我有机会认识新的女性，而且如果事情不顺利，很快又可以回到两个陌生人的位置。我不再需要倚靠朋友、家人和社会网络找对象。

然而在劳动市场里，你认识的人就很重要了。经济学家最近才开始研究人脉对劳动市场及商务界的重要性，不过社会学界的朋友研究这个议题的历史已经有几十年。20 世纪 70 年代，马克·格兰诺维特（Mark Granovetter）做了一份开创性的研究，证明一件大家完全不感意外的事——认识哪些人是很重要的事。许多人（在某些领域里是大部分的人）都是透过认识的人找到工作，可能为家人推荐、透过朋友介绍，或是因为教会或同社团朋友提供的信息找到工作。

人力网站与交友网站一样，有能力把原本无法找到彼此的人与企业凑在一起，但是也有一些网站能够提升你认识的人的价值，让人脉变得无比重要，LindkedIn 的商业模式便是以此概念为基础建立的，现在每个人都能运用 LinkedIn 建立并开拓自己的人脉（新增推荐信、与人脉的人脉建立关系等等）。在过去，只有超级有组织的人加上一个旋转式名片架与一部电话，才有可能办得到。人脉一直以来都很重要，但是 LinkedIn 让大家有办法认识更多人、更善用自己既有的人脉。

本章讨论了许多重要的课题，但不是每个人都很幸运，能够彻底享受所有课题的正面效益。例如我们知道做个有魅力的人很不错，可以帮我们吸引到另一半、赚更多钱。不过如果你没有迷人的魅力，也不用绝望，待在学校吧！在学校里多读点书也会帮你赚到更多钱，反过来让你变得更迷人。如果你既不迷人、也不会念书，那就好好建立人脉，认识不同的人，因为认识的人会帮你找到更好的工作。如果你不幸地很不迷人、不善社交、也不喜欢上学，情况就真的不太妙了。但还是有希望的——别忘了在交友及劳动市场里，品位会随着时间改变，或许一段“反社会、偏好不迷人的技术变迁”很快就要开始了。

以技能有价的角度来看，寻找另一半就像是：领薪水、上大学、试图成为下一个超级巨星。

经济学家的重要洞见：

具备在他人眼中有价值的技能或特质，会因此获得奖励。每多接受一年的教育，平均能为某人终生的收入增加 8%至 10%。

经济学家的择偶建议：

女士们——让自己变漂亮；男士们——争取加薪吧！

PART 10

第十堂 家庭谈判

煮菜、打扫、洗衣服，也要追求效用最大化

虽然少数人把上网交友视为一种娱乐活动，大部分交友网站使用者还是以寻找终身伴侣为目标。一对爱侣决定步入礼堂或以其他方式互许终身后，经济学的影响并未因此中止，精彩的部分才正要上演。

让我以美国20世纪50年代开播的电视剧《小英雄》（Leave it to Beaver）为例，解释这句话是什么意思。这部电视剧约莫到20世纪60年代才停止播映，年纪较长且爱看电视的读者，应该还记得这部电视剧最主要的角色，也就是克里佛一家人（the Cleavers）。克里佛一家是当年电视家庭的标准样板，也可说是真实世界家庭的翻版。

克里佛一家住在郊区的一栋舒适宅邸，“一家之主”华德·克里佛（Ward Cleaver）是白领阶层，剧情没有交代具体工作为何，但他每天通勤至城里上班。他的妻子琼（June）是家庭主妇，最重要的工作便是操持家务、照顾两个孩子的生活大小事——沃利（Wally）是长子，西奥多（Theodore）是次子，西奥多的小名便是本剧剧名中的“毕佛”。剧中两个孩子都上学了，而且大家认为这两个男孩总有一天会跟父亲一样找个白领工作，像父母一样在郊区成家立业。

现在还是有些家庭跟克里佛家一样，过着安稳的生活、有类似的男女分工，不过这种家庭已经很罕见了。如果克里佛一家人活在现代，华德很可能与家人分开住，琼则是职业妇女，父母双方或其中一方可能会在家工作，或是在特别的时段工作。

与过去迥然不同的三大变迁趋势

克里佛年代后的转变可多了，谈谈有什么没变可能还简单一点。在美国与其他发达国家，商品、服务与劳动市场的供需这几年来都有许多变化，传统家庭的定义也因此快速转变。与此同时，经济发展及其他因素也改变了社会常规，更进一步影响家庭的架构。

我们先来想想有哪些主要经济变革对家庭产生重大影响。首先，过去半个世纪以来，家庭内的生产科技经历重大变革。简单来说，操持家务这件事变得更轻松——食物因为冰箱可以保存更久，所以节省了许多购物时间，家电用品的进步也让打扫、烹饪、洗衣变得更省时，我现在根本无法想象以前的人没有微波炉怎么生活。食品公司研发出价格实惠又高质量的包装食品。这些变革让大家（好啦，女人）可以把过去拿来持家的时间，挪作赚钱或娱乐之用。

另一方面，劳动市场也变了。华德·克里佛是白领阶层，所以算是走在市场变革的前头。从几世纪以前开始，力气大小在劳动市场上的重要性便不断衰退，这几十年来尤为明显。随着人类历史推演，人所扮演的生产角色一开始是猎人／采集者，后来是农夫，到了工业革命高峰时又变成制造业的工人。在这几种角色里，最有力量的人就是生产力最高的人。力气大的女人不是没有，只是平均来说，过去男人在职场上比较有优势，所以当夫妻两人必须选择一人在家，另一人出外谋生时，通常都是男人出去挣钱比较合理。

安全的绝育与堕胎方法现在也比较普遍，这也是一项重要的经济变革（或许只有经济学家会以这种角度讨论这件事）。像华德与琼这样的夫妻一定会有性生活（就算分床睡也无法避免），所以在避孕药诞生之前，除非华德自己采取避孕措施（但男方通常不会做这种事），否则琼一定很快就会怀孕。避孕药让每个女性都能像琼·克里佛一样，控制自己的生育计划（堕胎也算是一个因素，不过避孕药才是最关键的），所以想工作的女性就更有办法出外工作了。

最后一个改变家庭结构的重大经济变革，则是福利国家的崛起。大部分发达国家政府，都会提供有小孩的家庭基本生活补贴（有些国家的补贴项目甚至超出基本生活需求），这类计划对单亲家庭的补贴特别多，所以传统婚姻模式的经济价值便降低了。

除了经济上有不少变革之外，社会层面也出现几个重要的相关变迁，很可能都是适应经济大环境的改变而起。首先，单亲妈妈在社会上承受的污名已经不再那么严重，同样用电视情境喜剧为例，《小英雄》中毕佛的朋友没有一个人来自单亲家庭，就算有人出自单亲家庭，大概也会成为众人同情的对象，觉得他们很不幸。但是在现代的电视节目里，例如《六人行》（Friends）之中，我们可以看到非婚生子似乎不是什么奇怪的事，很自然地就出现这种剧情。

第二，离婚率上升，对于离婚的污名也渐渐消散。《广告狂人》（Mad Men）影集中描绘出20世纪50年代的郊区生活，与《小英雄》里的生活样貌没有两样，但《广告狂人》中的气氛很明显无法容忍小区中出现非核心家庭。剧集中的单亲妈妈遭到邻居排挤、指指点点，但离婚妇女在今天的社会里可能无法完全免于遭到排挤、或成为茶余饭后的话题，但离婚与这些讨厌的副作用已经不是完全划上等号了。

以上变革至少催生了三大人口变迁——女性比较可能出外工作、孩子生得较少（或是根本不生孩子），或比较可能成为单亲妈妈。以美国这五十年来的人口统计数字为例（其他发达国家也有类似的趋势）：1975 至 1995 年间，已婚职业妇女的比率上升超过三分之一（达到60%），已婚、有工作并育有三岁以下幼儿的妇女比例更是增长一倍。1960 年，平均每户人口为 3.4 人，1995 年时则减少至 2.6 人。1960 年，十五至四十五岁妇女的生育率为 118%，到 1980 时只剩 68%（从此之后几乎没有再变动）。1960 年时，单亲家庭的孩子只有 9%，但这个比例却在 2005 年时上升至 28%。2005 年，37%新生儿中的母亲为没有结婚的女性，这个比例在 1963 年时只有 6%。

女性工作的成本降低了，找个丈夫的效益也降低了

现在我们退后一步，思考经济原理如何解释生育率下降及女性就业率上升与社会变迁之间的关系。避孕科技、堕胎技术、家电用品、现成食品与政府服务的供应及（或）价格改变之后，家庭——特别是女性会响应新变局，转而采取能最大化自身效益的做法。

上述的几个社会变迁综合起来，推升了女性就业人口的比例，其中最关键的便是工作的成本降低了，效益则增加了。

首先，就算琼·克里佛想要先工作一阵子，晚点生小孩，华德还

是会让她早早怀孕。现在女性则可以服用避孕药，主动掌握职业发展。

第二，洗碗机、洗衣机和包装食品的诞生，让琼得负责的家事更容易完成——但还是一个不小的压力。过去琼·克里佛每天都得花上好几个小时完成所有家事，现在可省时多了（希望除了家电用品外，华德也有一点小贡献，或许还有钟点清洁工来帮点小忙）。

20 世纪 50 年代末期，琼找到工作的机会大概很渺茫，但白领工作的数量这几年来增加很多，与琼条件相同的女性现在就比较容易找到工作了。所以整体来说，做家事的困难度降低，使得出外工作的成本降低；劳动市场中女性可以胜任的工作越来越多，使得出外工作的利益增加；避孕药让女性延后生小孩的时间与减少小孩数量，同样压低出外工作的成本。

以经济学的语言来说，女性是因为孩子的“价格”增加才会降低孩子的数量，而避孕药的效果则刚好相反——让“避免有孩子”的价格降低。对男性来说，性交的效用从来没有改变，但现在夫妻可以享受性爱的所有好处，且不需要负责性爱带来的宝宝。女性的相对工资提升，所以请假去生孩子的女性必须放弃的薪资，比琼·克里佛那个年代需放弃的还要多，导致生小孩的价格提高。养孩子从来就不是一件便宜的事，但以放弃薪水（foregone pay）的角度来说，生养孩子的成本又大幅增加了。

好，大家可能会想，或许女性就业增加及生育率降低是经济原理造成的，但非婚生子增加，难道也是经济的缘故吗（而不是社会变迁造成的）？没错！假设一位没结婚的女人想生孩子，若其他条件不变，她当然偏好与人恋爱、与终身伴侣一起养儿育女，但是她对终身伴侣的需求已不若几十年前那么高了，所以她会更有意愿考虑自己抚养孩子。

现在我们来比较经济状况较好与较差的女性，是否会有不同的选择。当今的专业女性比过去赚更多的钱，所以要靠自己的薪水养活孩子比较可行。女性财富增加除了有以上这种直接的效果，还有第二个较不明显的效应。

家庭的一个好处便是能创造规模经济，已婚夫妇同居比起分居，能够以更少的成本，拥有同样水平的舒适生活。同居能让生活更有效率（不需要两倍的生活空间，可以共享冰箱和钢琴等）。但这几十年来，中上阶级及富人的财富越来越多，自己就能负担冰箱或钢琴这种开销，所以追求生活效率的重要性也下降了。

那么经济状况较差的女性呢？她们产下非婚生子女的概率为什么会增加？她们在劳动市场里的境遇同样好转，但至少对异性恋男女来说，她们可能的另一半就没那么幸运了。低技能及低薪工作男性的薪水并没有增加，起码在美国，他们的薪资反而倒退了，所以找个丈夫的效益降低了（但找个女同志伴侣的效益倒是没有降低）。

除此之外，20 世纪 50 年代未婚生子的女性一切都得靠自己，得想办法靠自己的薪水与家人的支援养活孩子。现代靠政府救济的单亲妈妈当然也算不上吃香喝辣，但政府对有未成年子女家庭提供的支持、所得税减免及其他社福补助，还是能让生活相对来说过得去。单亲妈妈的贫穷比例仍然很高，但比过去进步很多了。所以无论贫富，女性对丈夫的需求已经比前几个世代的女性低。

煮菜、打扫、洗衣服的效用最大化

我们刚才已经讨论了经济如何改变家庭的结构，现在来看看经济如何形塑家庭内部的运作。本书已经提出许多例子，解释个人如何试图透过选择，增加自己的效用，但是一个家庭里的成员会互相关爱，所以现在我们得思考家庭成员是如何为了关爱的家人做决定。

要解释这个情境，以单纯的角度分析《小英雄》是个不错（但有缺陷）的出发点。假设有个像克里佛一样的家庭，家里的男人除了赚钱之外，还要为全家人做决定，他会把某些事情的决定权交给妻子（例如要煮什么菜），但全家人要住在哪里、大笔的采买项目或其他重要事项，都是由这个男人决定。

平心而论，他做的所有决定都是为了让全家人的效用最大化，所以算是个善良的独裁者。换句话说，他在分配物品与财物给家里成员时，采取的是令整个团体快乐度最大的方法。他就像一个企业的执行官，必须决定各部门的资源如何分配，才能让公司价值最大化，理想上来说这是他的目标。

女性在这个世界上的权力越来越大，家庭的传统模式也渐渐式微，但是一个家仍然很可能有所谓的一家之主，或是一个“执委会”，负责根据全家大小的整体快乐做决策。若上述假设为真，现代夫妻的决策结果应该会与前几代的决策一样，只不过在现代，女性也可以参与决策过程了。研究家庭议题的经济学家将这种善良独裁者的家庭架构称为“共同偏好模型”（common preference model）。全家人都是决策的利益相关者，决策的方式并不会随着决策者换人而不同。

若以今日家事分工的情况来看，就可以发现夫妇或情侣其实大致上都达到了整体家庭效用最大化的目标——也就是说，或许这个共同偏好观点还挺适切的。

举例来说，一对夫妻若发现自己的时间太过宝贵，不应该花在打扫家务上，他们就会聘请清洁工，以最大化全家人的效用。这可能是因为他们不用打扫省下来的时间，可以赚到多于雇用清洁工的钱，又或者是因为他们有钱可以购买清洁服务，好“买到”休闲时间。

那么，如果这对夫妻决定不要请人帮忙、自己打扫庭园或完成其他工作，那又该由谁负责这些工作呢？这对夫妻想要让效用最大化，所以决策时会考虑两大因素——谁可以利用打扫的时间去赚更多钱，以及谁比较讨厌做家事。

莱丝莉·史塔登（Leslie S. Stratton）最近研究英国夫妻发现，这些夫妻会根据两人对打扫与烫衣服的喜好来分工。对于做家事厌恶程度较低的男人，比其他男人做的家事要多。但是如果请男女双方都回答自己对家事的喜恶程度，男性表达的厌恶程度比女性高许多，代表女性负责做家事能够让整个家庭更快乐。史塔登做结论时认为：“连在打扫与洗衣服这么琐碎的事情上，都能观察到效用最大化的行为。”

家庭里的资源争夺与讨价还价

虽然初步证据显示，家庭成员会以对整体最好的方式分工家务，但再深入检视便会发现，将家庭决策视为由善良的执委会有效运作的结果，这种观点实在与真实世界大不相同。

实证研究结果证明，善良独裁者的模型绝对不正确，家庭成员间其实是不断谈判、互相争夺资源。经济学家基本上会将家庭视为一个无止境的讨价还价过程，就像工会与劳方永远坐在谈判桌上一样。家里有孩子的读者一定了解我的意思，因为孩子总是在要东要西、对很多事都不满足（希望他们有一天能感谢我们，在他们年幼时没有无条件地答应他们所有要求）。

但是在家庭里，不只孩子与父母是争取资源的对立方，大家都知道，当夫妻其中一人有了新的收入或取得新资源后，这个人就能获得更多应得的新财物。在共同偏好的世界观里，琼·克里佛开始出外工作与华德获得加薪相比，克里佛一家开销方式转变的模式是相同的，但事实并非如此。研究发现，当女性的收入相对于丈夫开始增加时，整个家庭在餐厅用餐与女性服饰上的支出就会增加，酒类与香烟的支出则会减少。

餐费与服饰费用增加的原因，很可能只是因为这个女人需要穿好一点的衣服去上班，或是相对没时间在家开伙了；不过酒类与香烟支出下降，代表这个女人因为能为家里赚更多钱，而有权力告诉丈夫不准浪费钱。

谁才是真正爱小孩的人?

英国政府创造了一个好机会，让我们看到家庭内收入分配的变动，如何影响开销分配。20世纪70年代晚期，英国政府推出儿童福利津贴发放新制。旧制的福利津贴是以税率优惠的形式提供，家里有孩子的父母薪资税率较低（但当时主要都是男人有工作）；新制上路后，政府改为直接将津贴发给孩子的母亲。

英国一位议员认为这个政策“在礼拜五时将钱从丈夫的口袋里拿走，下礼拜二时再放到太太的钱包里”（他说这句话是要反对新制实行）。此津贴制度的改变是个很好的检验方式，因为家户实际获得的津贴数字并没有改变，所以能让我们检视对金钱的控制，是否会影响支出规划。

不出所料，女性会把部分的钱花在自己身上。跟前面提到的研究一样，英国同样观察到女性在服饰方面的支出增加了，但是英国这个案例里的女性并没有增加就业，所以很明显是因为女性控制了这笔钱而导致的结果。所以原本透过男人进到家庭里的钱，改为透过女人进到家庭，女性此时就会多花一点钱买衣服。换句话说，女性对争取资源的谈判筹码增加了，也运用这个新局来增加自己的效用。

这并不代表父母都只考虑自己而已，就连经济学家也知道，一对终身伴侣会因为对方的快乐增加而享受到更多效用，所以他们会在乎对方处境的好坏，只是像英国女性的这种研究指出，我们是关心另一半没错，但另一半的快乐比我的快乐稍微不重要一点点。

但这句话或许不能用在孩子身上。大部分的人都相信，我们为人父母是真心爱护自己的孩子，与爱护自己一样用心。也就是说，无私的父母认为孩子的效用与自己的效用同等重要。这句话的真假很难说，但是上述的英国研究及许多其他研究都显示，母亲比父亲还要关心孩子。以英国为例，津贴交到母亲手上而不是父亲手上时，母亲会多花点钱买自己的衣服，但也会多花点钱买孩子的衣服。

20 世纪 70 年代末的英国不是特例，孩子的衣服也不是唯一支出增加的项目。发展中国家的案例显示，提高母亲对家庭收入的掌控度后，孩子的健康、营养，甚至生存概率都会一并增加，这就代表孩子的健康与快乐对母亲的效用来说是很重要的元素，重要性比对父亲的效用还要高。当然，对于熟悉演化理论的人来说，这个发现应该是意料之中，但在情感上仍令人有些不安。就算父亲不理孩子，孩子也能好好活下去——至少一般来说是这样。

离婚很重要，就算没有真的离也没关系

家庭成员控制资源的情况，会影响资源分配的结果。除此之外，还有其他因素会影响一个家庭的支出方法。

影响一个家里到底“谁说了算”的各种因素当中，各位大概可以从个人经验中找出不少跟个性有关的变因，但对经济学家来说，还有一个很大的变因会影响一个家的支出情形——终止婚姻的危机。

在经济学的各种议价模型当中，“外在机会”（outside option）通常十分重要。外在机会指的就是一个人在商务、政治甚至家庭情境中所拥有的次佳选项。当一个女人要求丈夫赶快振作起来，否则就要跟他离婚时，只要这个说法是有可信度的，而且这个男人非常爱他的妻子，或是婚姻关系能为他带来许多好处——那么这个男人就会好好振作。

自古以来，离婚都不是件容易或愉快的事，但是离婚手续现在已经越来越简化了。在20世纪60年代，美国人必须要能证明自己的另一半做了构成离婚理由的事，才能提出离婚，所以一个妻子或丈夫必须要能证明对方出轨、对自己暴力相向，或是做了其他重大恶劣行为，才能终止两人的婚姻关系。如果两人本来就同意离婚，当然可以编造某方有不轨行为的说法，但这样会害其中一方的名誉受损，而且只要有一方不愿意离婚，这个做法就行不通。

20世纪70年代时，事情终于有了变化。加州首开先例，导入“无过失离婚”（No Fault Divorce）的概念，夫妻不再需要提出特定理由就能终止婚姻关系，让离婚变得更容易，美国其他各州也采纳同样做法，加拿大及澳大利亚等其他国家也接受了这种观念。

无过失离婚所简化的不只是离婚程序而已。想象在20世纪60年代时，婚姻出问题的情况会是如何：假设华德·克里佛是个混账，常常跟朋友出去喝酒闹事，不陪沃利和毕佛两个孩子，而且行为举止让琼怀疑他在外找了小三。但假设华德却对这个太太非常满意，因为她把房子整理得一尘不染、有条有理，孩子也照顾得很好，以20世纪60年代早期的背景来说，琼根本没什么选择。离婚很可能会让她背上社会的标签，跟《广告狂人》剧中的离婚妇女一样遭人排挤，而且这个邪恶版华德根本没有留下任何证据，证明他做了可以当成离婚理由的重大恶行，所以琼完全没办法选择离婚。

但是琼·克里佛要是住在20世纪70年代的加州，她就可以跟华德说："快给我振作起来，不然我会离开你！"如果这个警告无用，那她就真的得去办离婚，不过华德要是真心想要一个能够照顾自己及孩子的人，或是非常想要创造自己是个爱家男人的形象，那么即使最后夫妻两人没有离婚，"无过失离婚"还是会改变这个家庭里的权力平衡。所以无过失离婚不仅让离婚变得更容易、更普遍，也改变了现存婚姻关系里的动力。

贝齐·史蒂文森（Betsey Stevenson）与贾斯汀·渥夫斯（Justin Wolfers）两位经济学家，刚好也是没有结婚的长期伴侣，两人也生了孩子，所以对于自己的研究主题有切身感受。他们研究美国采用无过失离婚制度后，对于已婚夫妻的影响，比较每个州在采纳无过失离婚前后，州内的婚姻情形有何改变；另外也选择特定时间点，比较当时有无过失离婚制度及没有这个制度的各州间，婚姻情形有何差异。

但他们所比较的"婚姻情形"，并不是指夫妻两人如何花钱，而是更为严重的指标——家暴与自杀。研究结果可说是女性离婚权最好的广告。能够单方终止婚姻的权利降低了家庭暴力、婚姻当中的谋杀，以及女性自杀的数字。很遗憾地，在无过失离婚这个选项出现之前，有些女性认为自己除了继续维持婚姻之外，次佳的选项便是死亡。

但是史蒂文森的其他相关研究，还是发现了让离婚更简单的缺点。无过失离婚入法后，投资婚姻的利益也减少了。也就是说，如果大家觉得另一半有一天可能会离开自己，那为了婚姻双方的共同利益投资的诱因也就降低了。

从许多角度来看，让人困在婚姻的牢笼中当然不好，但是这也让两人有理由互相帮助，完成像是念完大学等目标——史蒂文森发现，无过失离婚会从婚姻初期便发挥影响，当夫妻两人有无过失离婚这种选择时，便较不可能互相支持对方在教育方面的努力。

同性婚姻不合法必须付出的代价

虽然同性婚姻的议题在未来可能会有完全不一样的新局，不过目前世界上大多数地区仍不允许同性伴侣结婚。这个合法婚约的障碍，使得同性伴侣间的谈判动力与已婚异性恋夫妻的谈判动力大为不同。

同性伴侣要拆伙比较容易（同居但没有结婚的异性伴侣也一样），所以如果这对伴侣的其中一个人要支持对方受教育，或是辞职照顾两人的小孩，这个人要承担的风险就更大了。如果这个人抱着对方会回馈的心情而决定牺牲，很有可能会碰上对方不守承诺的后果，而且没有任何一个离婚律师有办法为他取得赔偿。

同性与异性伴侣在孩子的议题上所碰到的经济难题更是不同。同性伴侣生育孩子的成本比较高，几乎毫无例外（少数女同志伴侣会让其中一人与另一个男人怀孕，而他们有孩子的成本会比不孕夫妻低）。领养、做试管婴儿或找代理孕母都很昂贵，也要花费大量时间，心理上也要承受莫大压力。在社会不够开明的地方，同性家长与孩子可能会受到排挤，所以养育孩子的情感成本又更高了。

同性伴侣必须付出这么多额外的代价，所以在美国，60%的异性恋家庭都有孩子，而女同志伴侣只有 20%有小孩，男同志伴侣则只有10%有孩子。

陪伴孩子的囚犯困境

虽然大家可能不太想用钱的角度看小孩的事，不过我还是希望大家了解，孩子的“价格”会影响我们生育孩子的数目。但是孩子不只是生或不生的问题，还有养育的问题。有些经济学论文还把孩子称为“消费性耐久财”（可这不是我乱编的），所以我们确实可以用长期成本开销与获利来源的角度，看待生养小孩的议题。

假设今天你得决定要不要去参加孩子的球队比赛（现在比较流行足球比赛，不过我比较喜欢以棒球比赛做例子），你一方面很爱看比赛，看着小艾迪森打球（没错，大家的小孩都跟第八章的艾迪森一样优秀）可以为你创造效用，与其他家长聊天和看着好胜心旺盛的家长大打出手，也同样为你增加许多效用。但是去看艾迪森打球的时间可以拿来完成更多工作，帮你争取到努力许久的晋升机会，所以也必须付出一点代价。同样的时间若不去球赛，也可以去运动一下或读一本好书。到底该如何抉择呢？ 我的父母从来不来看我打球，他们不是坏爸爸或坏妈妈——那时候只有教练会出席球赛，其他人的父母也不会来。但是我的孩子上小学时，我几乎从来没有缺席任何一场棒球赛（以及其他运动比赛）。我的故事绝非特例：1965至2005年间，拥有学士学位的父亲每周照顾孩子的时数平均增加五小时，拥有学士学位的母亲时数增加更多——与琼·克里佛相比，现代妈妈每周多花九个小时陪伴孩子。过度投入的父母现在随处都是，也孕育出“直升机父母”（总是盘旋在孩子头上）及“虎妈”（不断鞭策孩子追求成功）这些郊区中产阶级社会现代的常用词。

这个趋势实在违反直觉，因为随着人越来越富、陪伴孩子的“价格”（也就是因此放弃的可能收入）也水涨船高。现代父母可以多花点时间陪孩子的原因可能在于，虽然他们陪伴孩子时放弃的利益比过去还多，但他们所拥有的财富还是比较多，购买力还是比上一代更强，但是这个理由无法解释为什么赚最多钱的大学教育程度父母，并不是花最多时间陪伴孩子的父母族群。

这个趋势的另一个可能原因在于，科技让烹饪、打扫和整理花园更省时，或是让父母可以外包这些工作，所以父母有更多时间陪孩子。盖瑞·拉米（Garey Ramey）及薇拉莉·拉米（Valerey Ramey）两位经济学家所搜集的父母拉长陪伴孩子时间的数据，在前面已经多次引用，他们两人认为这个趋势背后的原因，完全是因为父母希望帮孩子准备好，让他们可以进入最顶尖的大学，但是许多研究同样主题的学者并不同意他们的看法。

我个人认为，要回答为何我们花更多时间参加孩子的芭蕾舞表演或足球赛，就必须回到第二章博弈理论的概念。这个问题基本上就是一种囚犯困境。如果每个家长都不重视孩子的课外活动，那大家都一样算是好父母，也有更多时间可以做跟孩子无关的事。但如果同一小区的部分家长开始去参加球赛，我们就会开始担心自己的孩子认为我们不爱他们，或是无法健全发展。

所以，这个囚犯困境里有两种均衡：一种是大家都不会花太多时间参加孩子的活动，另一种是大家都会去参加孩子的棒球赛。大概在20世纪90年代左右，美国郊区的上层中产阶级因为某些原因，开始从第一种均衡转移到第二种均衡。但看球赛还不算太糟，如果你的孩子是对冰上曲棍球或音乐剧有兴趣的话，那才真的是惨了。

如何定义现代家庭?

这五十年来，发达国家的一般家庭面貌已经大幅改变。为了具体呈现这些改变，我们现在便以本章开头所引用的美式情境喜剧，来为本章作结。

《小英雄》体现出20世纪60年代的经典家庭样貌，而半世纪后的《摩登家庭》（Modern Family）也生动地捕捉现代家庭的生活。这两部影集呈现的家庭形象有许多重大差异。

第一，《摩登家庭》角色的生活水平都比克里佛家的人高出许多。经过这么多年，受过教育的上层中产阶级收入增长了不少。

第二，《摩登家庭》里有一对夫妻双方都是再婚，而且孩子也都是前一段婚姻生下的孩子。另一个家庭则是由男同志伴侣与他们领养的孩子组成。

第三，《摩登家庭》里的父母似乎只要有空闲时间，就会与孩子在一起。我不太确定他们把所有空闲时间都保留给孩子，是不是因为要让孩子未来可以上好大学、因为囚犯困境，或者是因为他们请了帮佣所以有更多时间，但无论原因为何，影集里的父母总是绕着孩子不停打转。这些孩子与父母度过许多有质量的时光，或许受益良多，但琼忙着做家事，或许会让毕佛学会成为更独立的人，其实毕佛才是受益更多的人吧！

以家庭谈判的角度来说，寻找另一半就像是：约会只是为了未来“谁要去丢垃圾”这种重要谈判，拉开序幕。

经济学家的重要洞见：

家庭就与企业或社会一样，是一个经济单位。单位里的人会彼此议价，即使会损害到家人的权益，也要为自己的利益打算。如果政府把钱交到父亲手上，那酒厂就乐了；如果政府把钱交到母亲手上，女性及儿童服饰制造商就要拍手了。

经济学家的择偶建议：

在交友网站上找到“真爱”后，先想清楚两人分手会发生什么事再结婚。

结语

购物、运动、看电影都可以用经济学思考

我们已经仔细讨论完个体经济学中的十大概念，现在应该退后一步，整理一下读完本书后的收获。我会为各位简要整理经济学如何帮助各位找到终身伴侣及提升交友网站的质量，并最后为各位揭晓我约会故事的结局。

经济学真的能帮助大家找到另一半吗？或许有些帮助，不过这本书所讨论的大多为实证经济学（positive economics）的范畴——用经济学解释我们所看到的世界。举例来说，搜寻理论解释我们在网络上寻觅另一半的方法，但没有人能告诉你何时该停止寻觅的脚步，你必须自己决定现在的快乐程度是否足够。

但是，当你在找寻“那个人”（或够特别的人）时，还是有不少值得铭记在心的要点，这些要点就是源自于规范经济学（normative economics）的领域——透过经济学教导大家如何变快乐。

首先要记得，空口说出来的是白话。自己每天规律运动、收入很

高或是充满爱心这种话人人都会说（这些话在我身上当然都为真），但是说出口的话不等于事实。遗憾的是，千万别忘了，别人也知道你说的是空口白话。我并不是在教你填写网络交友档案时要说谎或夸大其词，但别忘了你的竞争对手，有很多人都在说谎和说大话。

如果自己不想满嘴空口白话，那最好的选择便是采用讯号，让自己的话有价值，也就是为说出口的话找出真凭实据。但我们也知道，有效且不会让你变成怪人的讯号传递方式很难找。我认为讯号的概念，很可能可以大幅改善交友市场的现况，但是我们只能倚靠交友网站提供的机会，让大家可以传递有效的讯号。韩国的虚拟玫瑰试验是很不错的起点，但是在网络世界里传递讯号的方法，还有机会更上一层楼。

举例来说，交友网站可以设计捐款活动，让你可以代表一位特别有好感的对象捐钱给慈善机构，以展现你对他的心意（或证明自己的财力）。想象有一天你收到交友网站的电子邮件，里面写道："Mick349 刚才以您的名义捐款十美元给春田慈善厨房（Springfield Soup Kitchen）。点击以下链接阅读他的个人档案……"你应该很有可能会点开这个人的个人档案，给他个机会吧！

这个制度也可以展现个人的信念，假设你收到一封信写道："Mick349 刚才以您的名义捐款十美元给美国步枪协会（National Rifle Association）、美国计划生育组织（Planned Parenthood）、美国民主党全国委员会（Democratic National Committee）或美国茶党（Tea Party）。点击以下链接阅读他的个人档案……"如果他挑对了捐款对象，应该会令你印象深刻，你也会认真对待这个讯号，因为这个讯号是要付出代价的——他让自己的话有了真凭实据。

逆向选择强化了大家早就听过的一些约会建议：如果一个人从来没有跟其他人认真交往过，或是每段感情都很短命，背后绝对有原因。我绝对不是在建议大家开始统计性歧视（而且女士们，不要再对分居中的男人这么严苛了），而是如果妈妈跟你说“无风不起浪”时，她是在教你逆向选择的道理，所以最好“听妈妈的话”。

最后，任何一个经济学家或我本人能够给各位的最好建议就是：你必须进入市场，才有可能在市场里成功。我在好几个交友网站上注册，非常愿意与各种类型的女性出来见面（好吧，大概没有“非常”愿意，但够愿意了），也尽量试着诚实描述自己（只有隐瞒第二章里承认的几个小缺点）。我加入的交友网站规模都很大（稠密市场），挑选对象时也只限定几个非常重要的条件。

我在稠密市场中找到了搜寻的终点

很高兴告诉大家，我的努力有了收获。经过许多初次见面、不少次无疾而终的约会，以及交往半年后仍然分手的经验后，我终于在JDate网站上找到“幽默教授”（Funny Prof）这位女士。

JDate是一个专门供犹太人上网交友的网站。大家可能会认为选择这个网站，等于是限制了自己的市场规模（这是个稀薄市场），所以我不应该在这个网站上寻找对象，更何况犹太人这个限制条件对我来说并不是那么重要，我只有在技术上和文化上算是犹太人。我的孩子不会收到圣诞节礼物，而是会收到光明节（Hanukkah）[①]礼物，但我不是虔诚的犹太教徒（“光明节”的英文拼法我还是查了字典才知道），而且我也不太在乎究竟我的父母是不是犹太人，但是在我活动的地区有不少聪明又受过教育的犹太女子，所以就我理想的另一半对象而言，JDate 算是稠密市场。

Funny Prof 现在允许我以凯瑟琳称呼她，我寄信给她后，才发现原来她工作的地点离我的研究室只有一百码（约九十公尺）的距离，她在 JDate 上的使用者名称也精确地反映她的幽默感。我和她在 Borrone 咖啡厅初次见面时感觉非常开心（这是我在网络交友那段日子里的首选见面地点），渐渐了解彼此后，我们越来越喜欢对方，最后也终于揭露自己的小秘密（我的秘密都已经告诉你们了，除此之外，我还告诉她我正在写一本跟网络交友有关的书；她的秘密里最精彩的大概就是养了两只好笑到不行的巴哥犬），这些秘密完全没有造成任何问题。

身为一位理性的经济学家，那些送花、一起参加莎士比亚节、牵手散步到天荒地老，还有坠入爱河这一类的细节，我就不拿来烦各位了。

简而言之，我很快就确认与她定下来的好处，绝对超过再找别人可能带来的效益，原因有二：

第一，她看了我写的第一章（搜寻理论）后，没有立即把我归类为冷血心肠，然后抛弃我。第二，我那青春期的女儿叫我绝对不能与

① 犹太教节日，希伯来文原意为“贡献”，每年犹太历二月二十五日开始庆祝，为期八天。犹太教徒不庆祝圣诞节，而光明节的日期则通常是在国历的圣诞节前后。

凯瑟琳分手，因为我根本是“高攀”她了。我这女儿讲话就是这样，总是让我对自己更感觉良好。

如果各位还没找到自己生命中的“那个人”，现在该是你进入市场的时候了！如果你已经找到了那个人，希望各位也能开始将本书中的概念应用在生活中，随时随地“举目所及皆经济”。无论是购物、运动（例如决定挥拍回击网球时的力道背后有什么经济学原理）、观赏职业运动赛事（罚球时要往左或往右踢）以及看电影时[诚挚推荐《你整我，我整你》（Trading Places）[①]这部片，两个小时内完美结合娱乐与经济学知识，无其他片能匹敌]，都别忘了用经济学的角度思考。祝各位在每个冒险旅程中都能获得最大的效用！

---

① 1983年上映，内容描述两位资本家杜克兄弟（Duke Brothers）一时兴起，让手下的期货交易员路易斯·温特普（Louis Winthrope）与路边的混混比利·雷·维伦坦（Billy Ray Valentine）身份互换，使得两人命运剧变。温特普与维伦坦发现一切混乱的背后，都是杜克兄弟搞的鬼之后，决定联手反击。